좋아하는 마음이 나를 키워요

●일러두기
어린이들의 개인 정보를 보호하기 위하여 이 책에 등장하는 이름은 모두 가명입니다.

좋아하는 마음이 나를 키워요

장인혜 글
뜨끔 그림

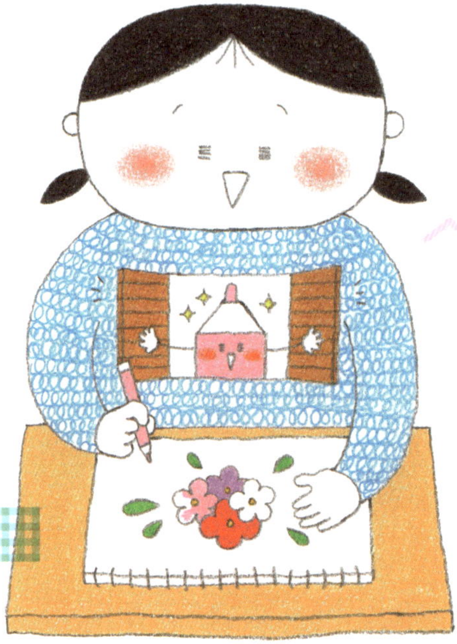

길벗스쿨

지금 좋아하는 마음을 가지고 있나요?

 좋아하는 사람 없다고요? 좋아하는 마음은 사람에게만 가질 수 있는 것이 아니에요. 나의 마음을 평온하게 만들어 주는 것, 즐거움을 느끼게 하는 것, 나를 웃음 짓게 해 주는 모든 것들에게 우리는 좋아하는 마음을 가질 수 있답니다.

"너는 좋아하는 게 뭐야?"

 선생님은 학교에서 만나는 아이들에게 이 질문을 하는 걸 좋아합니다. 관심이 가는 그 사람이 무엇을 좋아하는지 마구 궁금해지니까요. 그런데 종종 이런 대답이 돌아오기도 합니다.
 "저는 별로 좋아하는 거 없어요. 그냥 하는 거지."
 "딱히 뭘 좋아하는지 모르겠는데요."
 여러분은 어떤가요?
 여러분도 혹시 대답을 머뭇거리고 있지 않나요?
 자신이 무엇을 좋아하는지 정말 모를 수도 있고, 그것에 대해

곰곰이 생각해 본 적이 없을 수도 있어요. 또 내가 정말 좋아하는 것보다 다른 것들에 더 신경 쓰며 지내고 있을 수도 있지요.

선생님은 매년 아이들에게 무언가를 좋아하는 마음이 얼마나 중요하고 대단한지 꼭 알려 준답니다. 그럼 아이들은 눈을 동그랗게 뜨고 골똘히 생각에 잠겨요. 그리고 열심히 보물찾기를 하듯이 스스로를 유심히 관찰하고 자신이 좋아하는 것들을 하나둘 찾아내기 시작하지요. 그러는 동안 아이들은 자기 자신은 물론 다른 사람들을 존중하고 사랑하는 방법까지 배우게 되어요.

우리는 언제나 좋아하는 것을 찾고, 그것을 소중히 여기는 마음을 차곡차곡 모아 두어야 해요. 좋아하는 마음은 인생에서 만나게 될 크고 작은 결정의 순간에 지혜로운 선택과 결정을 하도록 도와주거든요. 내가 내 인생의 주인이 되어 주체적이고 행복한 삶을 살 수 있도록 말이에요.

이 책을 통해 여러분이 자기 자신을 구석구석 살펴보면서 나의 좋아하는 마음들을 가만히 어루만져 보고 그것이 얼마나 소중한지 알게 되면 좋겠습니다.

– 장인혜
(이네 선생님)

시작하며 _4

1장 좋아하는 마음으로 뭘 할 수 있나요?

하루를 기쁨으로 가득 채워 줘요 _10

나의 세계가 더 넓어져요 _14

내 선택은 내가 결정할 수 있어요 _18

'나'를 알고 진짜 '나'에 대해 설명할 수 있어요 _26

취향탐색 1 어리다고 취향도 어리진 않아요 _32

2장 좋아하는 데 이유가 있나요?

내가 나에게 하는 인터뷰 _36

그냥 기분이 좋거든요 _40

이거 찜! 가지고 싶어요 _42

잘한다고 칭찬받을 수 있어요 _46

스트레스가 풀려요 _52

뿌듯하고 성취감이 생겨요 _56

취향탐색 2 취미를 만들어 주는 나라가 있다고? _60

3장 좋아하는 게 없는데요

좋았는데 싫어졌어요 _66

좋아하는 거? 그냥 없어요 _72

내가 좋아하는 걸 부모님은 싫어해요 _78

취향탐색 3 같이 취미를 찾아볼까? _84

4장 좋아하는 일이 직업이 되나요?

직업의 씨앗이 되는 좋아하는 마음 _90

직업과 관계없으면 좋아하는 마음은 쓸모가 없나요? _96

직업에 날개를 달아 줄 취미 _100

취향 탐색 4   취미가 직업이 된 사람들 _102

5장 진짜 좋아하는 게 맞을까?

네가 좋아하니까 나도 좋아해야지 _108

미디어가 만들어 내는 취향 _110

미디어 제대로 활용하기 _118

취향 탐색 5   조선 시대부터 이어져 온 가짜 뉴스? _130

6장 좋아하는 마음으로 살아갈 우리들

좋아하는 것들이 모이면 진짜 내가 된다 _134

우리 마음에도 비상약이 필요해 _138

취향 탐색 6   내 마음 비상약 그리기 _142

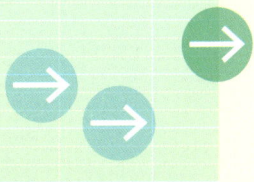

1장

좋아하는 마음으로 뭘 할 수 있나요?

장래 희망은 어떤 '직업'을 가지고 싶은지를 말하는 게 아니에요. 말 그대로 미래에 내가 어떤 모습이면 좋을지에 관한 바람이에요.
내가 무엇을 좋아하는 사람인지, 무엇을 할 때 행복을 느끼는 사람인지를 생각하고 '나'에 대해서 설명해 보세요. 그게 여러분의 장래 희망이 될 수 있어요.

하루를 기쁨으로 가득 채워 줘요

여러분이 잠자리에 누웠다고 생각해 봅시다. 바로 내일은 꿈에 그리던 소풍을 가는 날이에요. 설레서 잠도 오지 않고, 엄마 아빠가 깨우지 않아도 아침에 눈이 번쩍 뜨이지요. 여러분도 이런 비슷한 경험을 한 적이 있나요?

선생님 주변에는 특별하거나 거창한 일이 아니더라도 좋아하고 설레는 마음을 가지고 하루를 평온하고 즐겁게 보내는 친구들이 많아요.

종이접기 대장 우진이의 하루

3학년 우진이는 색종이로 만들기 하는 걸 좋아해요. 색종이를 접어서 가면을 만들기도 하는데, 제일 좋아하는 것은 색종이를 요리조리 접어서 로봇을 만드는 거예요.

반듯한 사각형 종이가 자기 손을 통해 무언가로 탄생하는 게 신기하고 재밌다는 우진이는 어디에 있든 색종이만 있으면 심심할 겨를이 없대요. 그래서 항상 가방에 색종이를 챙겨 다니고 시간이 날 때마다 종이 로봇을 만들어요.

틈틈이 만들다 보니 색종이 로봇 컬렉션이 생겼다고 교실에서 소개하기도 했답니다.

오늘도 내일도 달리는 유진이

유진이는 달리기를 좋아해서 4학년인데도 학교 육상부에 들어가서 열심히 활동하고 있어요. 새벽같이 학교에 와서 연습을 하고 기록을 측정해요. 매일 그렇게 일찍 와서 연습하면 피곤하지 않냐고 물으니 유진이는 정말 좋대요. 왜냐하면 좋아하는 달리기를 실컷 할 수 있는 시간이니까요. 최근에는 육상 대회에 학교 대표 선수로 나가고 싶은 목표가 생겨서 하루도 빠지지 않고 연습한대요. 유진이에게 달리기는 오늘 하루도 잘 지냈다고 느끼게 해 주는 뿌듯한 일이랍니다.

두 친구의 이야기처럼 좋아하는 마음은 우리의 일상을 어루만져 줘요. 평범한 일상에 기대감을 불어넣고, 사소한 일들을 반짝이게 만들지요. 또 우리를 더 열정적으로 움직이게 하는 원동력이 되어 준답니다.

여러분 가운데 반려동물이나 식물을 키우는 친구가 있나요? 키워 본 친구들은 알겠지만 동물이든 식물이든 항상 관심을 주고 정성껏 보살펴야 건강하게 자라나요.

우리 마음도 마찬가지랍니다. 너무 피곤하고 힘든 하루를 보냈을 때나 속상한 일이 있었을 때 내 마음을 내버려둔다면 마음에도 감기 같은 병이 생겨요.

우리는 매일 행복하기만 할 수는 없어요. 때로는 슬프거나 힘들어서 울적한 기분이 들기도 해요. 그래서 매일매일 행복하게 지내는 것보다 우리에게 더 중요한 능력은 슬픈 일도 힘든 일도 잘 극복할 수 있는 마음가짐이랍니다.

그럴 때 자기가 뭘 좋아하는지 알고 있으면 속상한 기분에서 조금 더 빠르게 벗어날 수 있지요. 아플 때 우리가 약을 먹거나 따뜻한 차를 마시면서 휴식을 취하는 것처럼요.

여러분은 마음을 돌보기 위해 어떤 것을 하고 있나요?

나의 세계가 더 넓어져요

"너도 이 가수 좋아해?"

여러분이 좋아하는 가수의 노래를 듣거나 영상을 보고 있을 때, 누가 이렇게 묻는다면 여러분은 뭐라고 대답하겠어요?

"어떻게 알았어?"

"왜?"

"너도?"

제각각 반응은 다르겠지만 선생님이라면 내가 좋아하는 걸 상대가 알아봐 줘서 기분이 굉장히 좋을 것 같아요. 신이 나서 어떤 노래를 가장 좋아하는지 이것저것 떠들어 댈 수도 있고요. 어쩌면 한 번도 대화를 나눠 본 적 없었던 친구와 단짝이 될지도 몰라요.

좋아하는 마음은 나도 모르는 사이에 나의 세계를 조금씩 넓혀 줘요. 잘 몰랐던 사람과 이야기를 나누게 된다거나 공통점으로 똘똘 뭉친 소중한 인연을 만들어 주기도 해요. 내가 좋아하는 것들이 담긴 사진이나 글을 소셜 미디어에 올려서 사람들과 소통하는 것도 비슷한 맥락이에요.

취미가 이어 준 절친

주현이와 연수는 같은 반이었지만 둘 다 내성적인 성격이라서 쉽게 다가가지 못했어요. 그런데 둘은 방과 후 교실에서 만난 뒤 빠르게 친해졌어요. 그 수업은 바로 드럼! 맞아요, 악기 드럼이요. 조용한 친구인 줄만 알았는데 드럼 수업을 같이 듣는다고 하니, 서로 깜짝 놀라면서 비슷한 구석이 있을 것 같다고 생각했대요. 드럼 연습을 하면서 친해진 주현이와 연수는 집에 가는 길에 떡볶이도 같이 먹고, 주말에는 공연도 같이 보러 다니며 마음을 나누는 사이가 되었답니다.

이렇게 좋아하는 마음은 새로운 인연을, 새로운 만남의 기회를 가져다주기도 해요.

그뿐만 아니라 우리는 좋아하는 것들로부터 여러 가지 자극을 받아요. 좋아하는 마음이 생기면 무언가에 관심을 쏟으며 집중하게 되거나 생각하지 못했던 새로운 것들을 발견하기도 하지요.

선생님은 인테리어에 관심이 많아요. 가구 배치도 바꿔 보고, 참고할 만한 자료들도 열심히 찾아봐요. 처음부터 그랬던 건 아니에요. 예전부터 선생님은 서점의 분위기를 좋아해서 틈만 나면 서점을 갔어요. 특히 동네의 특색 있는 작은 서점들을 즐겨 찾아요. 좋아하는 서점 분위기를 하나둘씩 따라 하다 보니 자연스럽게 집을 꾸미는 것도 좋아하게 되었어요. 책과 서점을 좋아하는 마음 덕분에 집 꾸미기를 좋아하는 마음도 갖게 된 거죠.

　이처럼 좋아하는 마음은 내가 살아가는 세계, 내가 생각하는 범위를 넓혀 줘요. 새로운 인연을 선물하기도 하고, 새로운 분야에 도전할 수 있도록 용기를 북돋아 주는 등 자극을 주지요.

　여러분은 오늘 어떤 마음으로, 얼마만큼 세계를 넓혔나요?

내 선택은 내가 결정할 수 있어요

살아가다 보면 우리는 늘 여러 문제 상황을 맞닥뜨려요. 꼭 하나만 선택해야 하는 순간도 마주하지요. 그럴 때 여러분의 선택을 도와줄 '취향'에 대해 이야기해 볼 거예요.

국어사전에서 취향을 찾아보면 이렇게 적혀 있어요.

'하고 싶은 마음이 생기는 방향. 또는 그런 경향.'

쉽게 말해 취향이란 무언가를 좋아하는 마음, 하고 싶은 마음이 꿈틀꿈틀 피어오르는 느낌이 드는 거예요. 왜요? 왜 하고 싶을까요? 그야 좋아하기 때문이지요.

내가 무엇을 좋아하는지, 내 취향이 무엇인지를 모른다면 어떤 상황에서든 선택하기 힘들 수 있어요. 또 자꾸 다른 사람의 의견에 기대어 결정할 수도 있지요. 분명 내가 해야 할 선택이고 내가 해야 할 결정인데, 다른 사람의 말에 휘둘리거나 따라가게 되는 거죠.

"아무거나."

무엇을 골라야 하는 상황에서 이렇게 대답한 적 많나요? 취향이 없거나 자기 취향을 모를 때 가장 하기 쉬운 대답이에요.

'아무거나'라는 말이 나쁘다는 뜻은 전혀 아니에요. 종종 어떤 거라도 괜찮은 때가 있거든요. 정말 고르기 귀찮을 수도 있고, 상대방의 선택을 배려해서 하는 말일 수도 있고요.

하지만 내가 정말 원하고 좋아하는 것이 있는데, 그걸 스스로 알지 못해서 "아무거나."라고 말해 버리면 자기 자신에게 조금 미안한 마음이 들 것 같아요. 내 마음을 살피지 않고 나의 선택지를 다른 사람에게 넘겨주는 모양새니까요. 그러니까 내 마음에게 천천히 물어보세요.

'나는 어떤 색깔의 옷을 더 좋아할까?'

'나는 무슨 맛 아이스크림을 더 좋아할까?'

그리고 정말 모르겠다면 지금부터라도 내 취향이 뭔지 차근차근 알아봐요. 내 취향에 딱 맞는 것들을 찾는 건 쉽지 않아요. 깐깐하게 생각하고 진지하게 고민해야 하지만 꽤 신나고 즐거운 과정이 될 거예요. 이제는 '아무거나' 대신에 '취향 저격'을 고를 수 있답니다.

취향은 우리 주변에 있는 모든 범주에서 생각해 볼 수 있어요. 가까운 것부터 생각해 보자고요. 책, 음식, 날씨, 음악, 장소, 노래, 색깔, 옷, 풍경에도 취향이 있어요. 행동 방식에도 취향이 있어요. 숙제하는 방식, 연락하는 방식, 인사하는 방식 등 말이에요.

자기만의 든든한 취향을 갖고 있는 친구들을 소개할게요.

래퍼 윤재

열두 살 윤재는 힙합 음악에 관심이 많아요. 여러 가지 음악을 듣더니 이제는 직접 랩 가사를 쓰기도 해요. 친구들에게 종종 자작 랩을 들려주기도 하고요.

슬라임 크리에이터 현정

현정이는 슬라임을 가지고 노는 걸 좋아해요. 슬라임을 직접 만들어서 친구들에게 선물도 해요. 슬라임 영상을 찍어서 유튜브에 올리는 게 현정이의 취미랍니다.

댄스킹 지우

지우는 요즘 텔레비전을 보다가 춤에 푹 빠졌어요. 그래서 춤 영상을 보며 열심히 따라 하는데, 땀이 비 오듯이 흘러도 그 시간만큼은 힘들지 않고 무척 행복하대요.

컬러링 힐링 민아

민아는 조용히 앉아서 컬러링북에 색칠하는 것을 좋아해요. 색이 칠해지지 않은 그림에 자신이 원하는 색을 입히는 동안 쓸데없는 생각이나 고민이 사라진대요.

이 친구들 말고도 선생님이 만났던 수많은 친구들 모두 취향과 취미가 다 달라요.

이 책을 읽는 여러분은 디지털 환경에 익숙한 친구들이 많을 거예요. 태어나 자랄 때부터 디지털 매체를 자연스럽게 경험했고, 소셜 미디어와 유튜브 등 다양한 온라인 매체로 수많은 정보를 빠르고 쉽게 접하고 공유하는 문화에도 익숙해요. 이런 환경에 있다 보니 다양한 취향과 개성을 가진 친구들이 많고, 언제 어디서든 따로 또는 같이 관심 있는 것들을 즐기지요.

여러분은 어떤 취향을 갖고 있는지 가볍게 살펴볼까요?

나의 취향 체크리스트

티셔츠를 산다면
☐ 무늬가 있는 옷　　☐ 무늬 없이 깔끔한 옷

좋아하는 만화 캐릭터는
☐ 동글동글 귀여운 얼굴　　☐ 눈에 별이 총총 박힌 예쁜 얼굴

나랑 쿵짝이 잘 맞는 친구는
☐ 조용하고 편안한 친구　　☐ 활발하고 재미있는 친구

글씨를 쓸 때는
☐ 조금 불편해도 예쁜 샤프   ☐ 투박해도 튼튼하고 편한 연필

친구가 화난 것 같다면
☐ 먼저 가서 말을 건다   ☐ 친구에게 시간이 필요해 보여 일단 가만히 있는다

좋아하는 라면은
☐ 푹 익은 라면   ☐ 꼬들꼬들한 라면

공부할 때는
☐ 혼자 차분하게 공부하기   ☐ 설명해 주면서 함께 공부하기

좋아하는 과일은
☐ 새콤한 과일   ☐ 달콤한 과일

맛있을 것 같은 우유는
☐ 김치 맛 우유   ☐ 단무지 맛 우유

물론 이런 것들이 내 취향의 전부는 아니에요. 이렇게 취향을 묻는다면 백 개도 훨씬 넘게 대답할 수 있을 거예요. 또 지금 좋아하는 것들이 평생 가는 것도 아니랍니다. 나의 가치관이나 생각이 변해서, 주변 사람에게 영향을 받아서, 또는 아무런 이유 없이 시간이 지나면서 언제든 바뀔 수 있지요. 갑자기 혹은 천천히요.

쉽게 변할 수 있다고 해서 쉽게 얻을 수 있는 것은 아니에요. 무엇이든 선택해야 하는 순간이 올 때 나의 마음이 무엇을 원하는지 어느 쪽에 끌리는지 그 방향에 집중하려는 노력이 필요해요. 내가 무엇을 좋아하는지, 무엇을 할 때 즐거운지 곰곰이 생각해 봐야 하지요.

조금 어색해도 진지하게 고민해 보세요. 먼저 내가 재미있어 하거나 즐거워하는 것을 적으면 도움이 돼요. 다음에 그 행동이 왜 좋았는지 이유를 함께 적어 보는 거예요.

즐거웠던 일을 하나라도 적기 위해서는 우선 경험을 많이 해 봐야겠죠? 직접 해 봐야 좋은지 싫은지 나와 맞는지 아닌지 알 수 있으니까요. 좋다고 생각해서 시작했는데 막상 해 보니까 마음에 들지 않을 수도 있어요.

이렇게 시행착오를 겪다 보면 어느새 나만의 취향이 생기

고, 그 취향이 여러 개로 늘어나게 되어요. 어쩌면 이 세상 사람 모두 나만의 취향을 차곡차곡 모으는 '취향 수집가'인지도 몰라요!

'나'를 알고 진짜 '나'에 대해 설명할 수 있어요

취향을 알아 간다는 건 나를 알아 가는 과정과 비슷해요. 그러니 내가 좋아하는 것들을 구체적으로 알면 알수록 나의 감정과 생각들을 더 자세히 들여다볼 수 있지요.

나부터 나를 알고 사랑해야 다른 사람에게 내가 어떤 사람인지 설명할 수 있겠죠?

"이다음에 커서 뭐가 되고 싶니?"

어른들은 아이들에게 이 질문을 정말 많이 하는 것 같아요. 여러분은 뭐라고 대답할 건가요? 간호사, 유튜버, 선생님, 요리사, 운동선수 등등 수많은 직업 가운데 딱 하나만 골라서 말하기는 어려워요.

갖고 싶은 직업이 아직 없을 수도 있고, 어떤 직업이 있는지 잘 모를 수도 있고요. 또 한 가지만 선택하기가 어려울 수도 있어요. 요즘은 직업을 여러 개 가진 사람도 많거든요.

세상은 정말 빠르게 변하고 있어서 여러분이 훗날 직업을 가질 때는 '평생 직업'이라는 말이 사라질지도 몰라요. 의사로 일하면서 웹 소설 작가인 사람, 회계사로 일하면서 프리 다이빙 강사인 사람 등등 자기가 좋아하는 일을 찾아 나서는 사람들이 늘어나고 있어요.

이런 흐름을 살펴보면 꿈을 표현하기에 한 단어로는 턱없이

의사 겸 웹 소설 작가

회계사 겸 프리 다이빙 강사

부족할 수 있어요.

앞으로 내가 원하는 나의 미래를 이야기할 때 좋아하는 것들을 말해 보세요. 그러면 나라는 사람에 대해, 내가 바라는 나의 삶에 대해 훨씬 잘 담아낼 수 있어요.

예를 들면 이런 식으로 나의 장래 희망을 말할 수 있어요.

"저는 사람들을 도와주는 걸 좋아해요. 사람뿐만 아니라 다른 생명을 도울 수 있는 방법을 고민하거나 도움을 주었을 때 기분이 좋고 뿌듯해요. 그래서 앞으로 누군가를 구하거나 도와주는 일을 하면서 살고 싶어요."

장래 희망은 어떤 '직업'을 가지고 싶은지를 말하는 게 아니에요. 말 그대로 미래에 내가 어떤 모습이면 좋을지에 관한 바람이에요. 내가 무엇을 좋아하는 사람인지, 무엇을 할 때 행복을 느끼는 사람인지를 생각하고 '나'에 대해서 설명해 보세요. 그게 여러분의 장래 희망이 될 수 있어요. 장래 희망은 앞으로 살아갈 방식에 대한 나의 취향이니까요. 이렇게 장래 희망을 정하고 나면 자연스럽게 그와 관련된 다양한 직업들이 하나둘 보일 거예요. 그런 다음 하나씩 그 직업에 대해 탐구해 보세요.

이제 누군가 여러분에게 장래 희망을 묻는다면 이렇게 대답할 수 있어요.

> 저는 다른 사람들의 말을 들어 주는 걸 좋아해요. 특히 기분이 안 좋은 친구의 말을 들어 주었을 때, 친구 기분이 좋아지면 정말 행복해요. 다른 사람의 마음을 건강하게 해 줄 수 있는 일을 하며 살고 싶어요. 그런 일과 관련된 직업은 아주 많으니까 천천히 찾아보고 있어요.

> 저는 사람들 앞에 나서서 발표하는 걸 좋아해요. 좀 더 정확하게 말하면 제 의견을 말해서 사람들을 설득시키는 걸 잘하는 것 같아요. 말을 조리 있게 해서 사람들을 이해시키고 도움을 주면

기분이 좋더라고요.

이런 일을 하는 직업은 아주 많아요. 변호사도 있고 뉴스에서 자주 보이는 정치인들도 그래요. 요즘에는 광고에 관심이 생겼는데 광고를 만드는 것도 제가 좋아하는 일과 관련이 있을 것 같아요.

내가 무엇을 좋아하는지 생각하는 것은 내 마음이 흘러가는 방향에 대해 집중하는 것과 같아요. **나의 취향을 찾아서 진짜 나를 알고 내 마음을 돌보며 살아가는 건 어른이 되어서도 계속해야 하는 중요한 일이에요.** 여러분도 지금부터 차근차근 연습해 보는 시간을 가져 보세요.

_____ 의 장래 희망

나는 _____ 하는 걸 좋아해요.

왜냐하면 _____ .

그래서 앞으로 _____ 하는

일을 하면서 _____ 한 기분을

느끼며 살고 싶어요.

어리다고 취향도 어리진 않아요

요즘 어떤 단어 뒤에 어린이를 뜻하는 '린이'를 붙여 부르는 말들이 많아요. 예를 들어 '요린이'는 '요리'와 '어린이'를 합친 단어예요. 무슨 뜻인지 아나요? 요리를 잘 못하고 요리에 서툰 사람을 가리킨대요.

우리 어린이들은 이런 말을 들으면 어떤 생각이 드나요? 선생님은 학교에서 여러분 나이의 학생들을 늘 만나고 있어요. 모든 어린이들이 선생님보다 나이는 적지만, 선생님보다 잘하는 것을 하나씩 가지고 있어요. 줄넘기를 잘하는 어린이, 영상 편집을 잘하는 어린이, 암산을 잘하는 어린이 등. 그래서 선생님은 저런 단어를 들으면 소리치고 싶어요.

"어린이라고 해서 초보는 아니라고요!"

선생님이 학생들과 함께 지내면서 매일 느끼는 건 어린이들이 좋아하는 세계와 어린이들의 삶 또한 결코 미숙하지도 않고 어설프지도 않다는 거예요. 더불어 어린이들의 취향이 어른들에게 무시받을 만큼 하찮지 않다는 사실도요.

어린이들은 아직 작고 어리지만 어른과 마찬가지로 감정과 인격이 있고 스스로 만들어 가는 취향이 있어요. 또 나의 취향을 존중받아야 하는 만큼 다른 사람의 취향도 존중해야 해요. 나이와 성별에 상관없이 사람들은 좋아하는 것과 취향이 제각각이에요.

간혹 보면 나의 취향만 중요하고 다른 사람의 취향은 무시하거나 자기 취향을 강요하는 사람들이 있어요. 다른 사람들에게 피해를 주는 것이 아니라면 각자의 취향은 존중받아야 해요.

앞으로 우리가 만들어 갈 세상은 이런 세상이 아닐까요?

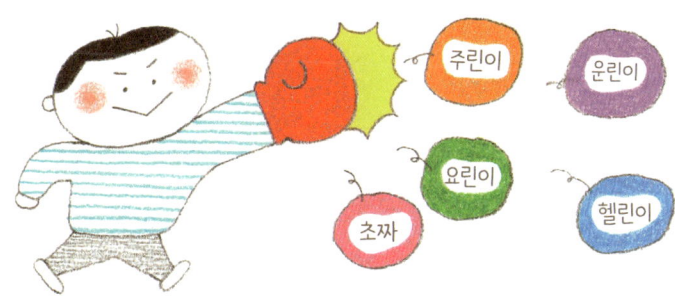

2장

좋아하는 데 이유가 있나요?

스트레스가 풀리기 때문에 어떠한 활동에
좋아하는 마음을 담기도 해요.
다른 생각을 떨치고, 스트레스를 풀다 보면
지쳐 있던 일상을 다시 꾸려 갈 에너지를
얻을 수 있으니까요.
좋아하는 마음이 답답한 마음을
잠시 밀어내는 것이지요.

내가 나에게 하는 인터뷰

좋아하는 마음은 어디서 오는 걸까요? 무엇을 좋아하는 데는 다양한 이유가 있지만 그 가운데 몇 가지를 이야기해 보려 해요. 내가 무엇을 좋아하는지 아는 만큼 왜 좋아하는지 생각하고 고민해 보는 것도 아주 중요해요. 내가 어떤 사람인지 알 수 있는 결정적인 열쇠가 되어 주거든요.

먼저, 내 마음을 뿌옇게 가리고 있는 것들을 걷어 내 볼까요? 자신의 진짜 마음을 감추는 것들 말이에요. 다른 사람들의 시선이나 간섭 같은 것들이 있겠죠. **좋아하는 건 다른 사람이 대신해 줄 수 없어요. 다른 사람의 의견이 필요할 때도 있지만 거기에 휘둘려 내 마음을 흐리게 만들어서는 안 돼요.**

그럼 이제 본격적으로 좋아하는 감정을 들여다봅시다. 이제 '나'와 대화를 시작할 거예요. 입으로 말하는 게 어렵다면 마음속으로 스스로에게 '넌 뭘 좋아하니?'라고 물어보세요. 그리고 곰곰 생각한 뒤에 마음속으로 대답하면 돼요.

자, 지금부터 우리는 자기 자신을 인터뷰하는 시간을 가져 볼 게요. 여러분이 좋아하는 것은 무엇인지, 여러분은 어떨 때 마음이 편해지는지 천천히 생각하면서 대답해 보세요.

내가 나에게 하는 인터뷰

- [ ] 나는 어떤 성격의 사람을 좋아하나요? 그 이유는?
- [ ] 내가 좋아하는 가수는 누구인가요? 그 이유는?
- [ ] 내가 좋아하는 숫자는 무엇인가요? 그 이유는?
- [ ] 내가 좋아하는 색깔은 무엇인가요? 그 이유는?
- [ ] 내가 좋아하는 음식은 무엇인가요? 그 이유는?
- [ ] 내가 좋아하는 책 한 권을 고른다면? 그 이유는?
- [ ] 내가 좋아하는 요일은 언제인가요? 그 이유는?
- [ ] 내가 잔뜩 화가 나는 순간은 어떤 때인가요? 그 이유는?
- [ ] 내가 좋아하는 방송 프로그램은 무엇인가요? 그 이유는?
- [ ] 내가 좋아하는 계절은 언제인가요? 그 이유는?
- [ ] 필통 안에 든 학용품 중에 내가 가장 좋아하는 물건은 무엇인가요? 그 이유는?
- [ ] 자유 시간이 한 시간 생기면 무엇을 가장 하고 싶은가요? 그 이유는?
- [ ] 내가 제일 존경하는 사람은 누구인가요? 그 이유는?
- [ ] 내가 좋아하는 헤어 스타일은 무엇인가요? 그 이유는?
- [ ] 집에서 내가 제일 좋아하는 공간은 어디인가요? 그 이유는?

- ☐ 나는 울고 싶을 때 어디서 우나요? 그 이유는?
- ☐ 익숙한 것이 좋나요, 새로운 것이 좋나요? 그 이유는?
- ☐ 내가 좋아하는 단어는 무엇인가요? 그 이유는?
- ☐ 내가 가장 좋아하는 선생님은 어떤 분인가요? 그 이유는?
- ☐ 내가 가장 좋아하는 교과목은 무엇인가요? 그 이유는?

시간은 좀 걸렸겠지만 죽 생각하고 대답해 보았나요? 내가 어떤 것을 좋아하는지 이제 조금 알게 되었을까요? 그렇다면 인터뷰는 성공이에요.

이제부터 내가 좋아하는 것을 왜 좋아하는지 그 이유에 대해서도 자세하게 생각해 봅시다. 방금 했던 셀프 인터뷰의 대답과 연결 지어도 좋아요.

그냥 기분이 좋거든요

우리가 무엇을 좋아하는 이유에는 '기쁨'이라는 감정이 있어요. 어떤 일이나 행동을 할 때 기쁘기 때문이에요. 그렇다고 기쁨이 하루 종일 이어지지는 않아요. 대부분의 감정이 그렇듯이 기쁨도 잠깐이고 순간입니다. 하지만 잠깐씩 느끼는 기쁨이 하나둘 쌓여 우리 하루에 아주 큰 영향을 끼쳐요.

우리가 건조한 피부에 촉촉한 로션을 바르듯, 표정이 없어지고 마음이 메말라 간다고 느낄 때! 바로 그 순간 '기쁨'이라는 로션을 발라 주는 거예요. 크기와 양은 상관없어요. 틈틈이 짧게라도 발라 주면 조그맣고 짧은 기쁨일지라도 그것들이 모여 내 하루를 꽤 괜찮게 만들어 주거든요.

그러니 양말을 짝짝이로 신고 온 친구가 웃기고 귀여워서 미소 지은 순간도, 문득 올려다본 하늘이 너무 예뻐서 감탄을 내뱉은 순간도, 치킨을 처음 베어 물었을 때 눈이 번뜩 뜨이는 맛있는 순간도 내가 좋아하는 것들이 주는 기쁨이에요. 소중한 순간들을 놓치지 말고 충분히 느껴 주세요.

여러분은 어떤 일이나 행동을 할 때 기쁨을 느끼나요? 어쩌면 일상 곳곳에 숨어 있을지도 몰라요. 잘 찾아서 적어 보세요.

"나는 ＿＿＿＿＿＿＿가 좋아. 하면 기쁘거든!"

이거 찜! 가지고 싶어요

마음에 들고 예쁜 걸 보면 갖고 싶다는 생각이 들 때가 있어요. 갖고 싶다는 마음은 좋아한다는 마음과 비슷해 보이지요.

물건으로 예를 들어 볼게요. 어른이 되어서 돈을 벌면 살 수 있는 물건들이 많아져요. 그중에서는 꼭 필요한 물건도 있고, 필요하진 않지만 그냥 갖고 싶어서 사는 물건들도 있어요.

선생님은 찻잔에 관심이 많아서 쇼핑을 하다 보면 갖고 싶은 잔이 점점 늘어나요. 하지만 바로 사지 않고 오랫동안 고민하려고 노력합니다. 왜냐하면 갖고 싶었던 마음은 시간이 조금 지나면 사라지거든요. 그 잔이 너무 예쁘고 좋아서 갖고 싶었는데, 시간이 지나니까 그런 마음이 조금씩 사그라드는 거예요. 아! 그래서 생각했지요. 갖고 싶어서 생긴 좋아하는 마음은 변할 수도 있다고요.

무엇이든 갖고 싶어서 내가 그걸 좋아한다고 믿은 적이 있다면 그건 잠깐 생겼다가 사라질 마음은 아닐지 생각해 보세요. 어떤 마음이든 쉽게 변할 수 있지만 갖고 싶다는 마음, 즉 소유욕에서 생기는 마음은 쉽게 변할 수 있거든요.

무언가를 내 것으로 가지고 있음을 '소유'라고 해요. '저게 좋으니까 갖고 싶어.'라는 마음으로 세상 모든 것을 좋아하게 된다면 세상 모든 것을 가져야 하지 않을까요? 세상 모든 것을 가질 수도 없고, 가져야 할 이유도 없으니 가지고 싶은 물건에 관해서는 신중하게 생각해야겠지요.

　여러분도 학용품, 열쇠고리, 장난감, 핸드폰 액세서리, 옷이나 신발 등을 볼 때 갖고 싶어서 그 물건을 좋아한다고 생각한 적 있을 거예요. 실제로 사거나 부모님께 사 달라고 조른 적도 많겠지요.

　그럼 이제 내 방, 내 책상, 내 가방 안을 살펴보세요. '저건 정말 잘 샀어. 난 저걸 정말 좋아해. 저게 있어서 뿌듯해.'라는 생각이 들면서 내 취향이라고 자부할 수 있는 물건들을 찾아보는 거예요. 그런 물건들은 여러분에게 기쁨을 주겠죠?

반대로 살 때는 좋아한다고 생각했는데, 유행을 좇아 친구들이 다 갖고 있어서 충동적으로 따라 산 물건은 없는지 골라 보세요.

어떤가요? 지금도 그 물건이 좋은가요?

이렇게 해 보세요. 꼭 갖고 싶은 물건들을 공책에 적어 보는 거예요. 그리고 며칠 뒤에도 그게 여전히 가지고 싶은지 생각해 봐요. 오랫동안 적혀 있는 것들은 아마 내가 정말로 갖고 싶은 걸 거예요. 아주 좋아하는 마음일 수도 있지요.

잘한다고 칭찬받을 수 있어요

취미가 곧 특기가 된 수연이

4학년 수연이는 할머니를 따라 무심코 뜨개질을 시작했는데, 점점 재미를 느껴 매일매일 뜨개질로 다양한 걸 만들었대요. 그러다 보니 뜨개질하는 속도도 빨라지고 자신만의 요령도 생겼지요. 지금은 뜨개질로 목도리도 만들고, 모자도 만들고, 친구에게 선물할 만큼 실력도 좋아졌대요. 뜨개질 자체가 즐겁기도 하지만, 실력이 점점 늘다 보니 자신감도 생기고 주변 사람들이 잘한다고 칭찬해 주니까 기분도 좋대요.

여러분은 좋아서 하다 보니 능숙해지고 더 잘하게 되었던 경험이 있나요? 점점 잘하게 되어서 이렇게도 해 보고 저렇게도 해 보다가 더 좋아하게 되는 것들이 있어요.

수연이처럼 무언가를 계속 좋아하고 꾸준히 하다 보면 다 잘하게 될까요? 그러면 좋겠지만 반드시 다 그러진 않아요. 아니, 그런데 말이죠, 꼭 잘해야만 하나요?

랩을 좋아하지만 잘하진 않는 지호

열한 살 지호는 랩 연습을 엄청 많이 해요. 유튜브에서 가수들의 노래를 따라 부르고, 직접 가사도 써서 연습하지요.

하지만 노력만큼 실력이 늘지 않아 고민될 때도 있대요. 그렇지만 지호는 서툴러도 랩을 하는 게 무척 즐겁다고 해요. 잘하진 못하더라도 즐기면서 꿋꿋이 계속하고요.

여러분도 좋아하지만 잘하지는 못하는 것들이 있나요? 물론 선생님에게도 있어요.

선생님은 어른이 되고 나서 취미로 발레를 시작했는데, 2년이 지난 지금도 여전히 어려워요. 발레 동작은 하나하나 힘이 들어갈 때가 많거든요. 그래도 발레 학원 가는 날은 언제나 기다려져요. 아름다운 발레 복장과 경쾌하고 우아한 피아노 반주, 내 몸에 집중하는 시간 등등 발레가 좋은 이유는 얼마든지 더 말할 수 있어요.

선생님이 발레리나를 직업으로 삼을 건 아니니까 실력이 좋지 못해도 속상하지 않아요. 다른 무엇보다 발레를 배우는 시간 자체가 선생님한테는 즐겁고 소중하거든요.

좋아하는 일을 꾸준히 하다가 더 잘하게 되면 좋을 수 있지만, 잘하지 않는다고 해서 속상해할 필요는 없어요. 잘하는 것과 좋아하는 것은 엄연히 다르니까요. 어떻게 다른지 지금부터 선생님과 하나씩 살펴봐요.

여러분은 학기 초에 자기소개서를 써 본 적 있을 거예요. 자기소개서에 빠지지 않고 들어가는 두 가지가 있어요. 바로 취미와 특기예요.

선생님은 새 학기가 되면 처음 만나는 친구들에 대해서 궁금한 점이 많아요. 이름, 좋아하는 음식, 좋아하는 과목, 어려워하는 과목, 요즘 고민이나 새 학년이 된 소감 등등. 게다가 친구들의 취미와 특기까지요!

친구들에게 자기소개서를 쓰라고 나누어 주면 꼭 이런 질문이 들린답니다.

"선생님! 특기는 얼마나 잘해야 특기라고 할 수 있어요?"

"취미랑 특기랑 같은 거 적어도 돼요?"

"태권도 학원에 매일 가니까, 취미에 '태권도'라고 적어도 돼요?"

"취미랑 특기에 뭘 적어야 할지 모르겠어요."

선생님은 이런 질문을 들으면 친구들에게 취미와 특기가 아직 없을 수도 있고, 생각해 본 적이 없어서 모를 수도 있으니 천천히 생각해 보고 나중에 알려줘도 된다고 말해요.

취미와 특기, 이 두 가지는 서로 달라요. 취미는 전문가가 되기 위해서가 아니라 단지 즐기기 위해서 하는 활동이에요. 취향과 비슷한 것 같다고요? 맞아요. 취향과 취미는 자신을 즐겁게 만들어 준다는 공통점이 있어요. 취향이 무언가를 좋아하는 마음이라면 취미는 좋아하니까 즐겨서 자주 하는 활동이라고 생각하면 쉬워요.

또한 취미는 반복적으로 하는 활동이에요. 1년에 한두 번 하는 일을 가지고 취미라고 말하기는 어려워요. 시간이 날 때마다 생각날 때마다 자주 하고 싶어지는 일들을 취미라고 해요. 취미는 누가 시켜서 하는 게 아니라 내가 좋아하기 때문에 스스로 하는 활동이지요.

그렇다면 특기는 무엇일까요? 특기는 남들과 비교했을 때 더 잘하는 것을 말해요. 취미와 달리 특기에는 비교 대상이 있어야 해요. 남보다 잘해야 하고 다른 사람에게 인정받아야 특기라고 말할 수 있어요. 그래서 특기가 되려면 많은 연습과 노력이 따라야 해요.

수영이 특기인 서윤이와 수영이 취미인 승재

이번에는 수영을 좋아하는 서윤이와 승재를 소개할게요.

수영이 특기인 서윤이는 어렸을 때부터 꾸준히 수영 대회에 나가서 상도 받고, 학교에서도 수영을 잘하기로 유명한 친구예요. 서윤이의 목표는 초등학생 수영 대회에 나가서 1등을 하는 거예요.

    승재는 어떨까요? 승재도 수영을 좋아하고 잘하지만 승재의 목표는 수영 대회가 아니에요. 승재는 손가락과 발가락 사이로 물이 들어와서 간질이는 느낌과 물속에서 자유롭게 움직이는 시간이 좋아서 수영을 계속한답니다.

    수영이 취미이면서 특기가 될 수는 있지만 수영이 취미일 뿐 특기는 아닐 수도 있어요.

    지금 좋아하는 게 있는데 잘하지 못해서 고민인가요? 그럼 '취미'라고 생각해 보세요. 그냥 내 마음이 좋아서 한다고요. 이제, 잘하지 못해도 주눅 들지 않고 계속할 수 있겠지요?

스트레스가 풀려요

조립에 집중하는 세현이

세현이는 레고 블록을 조립하는 게 취미예요. 사용 설명서에 맞춰 블록을 조립할 땐 다른 생각이 들지 않아서 좋대요. 조립하는 방법만 생각하면 되니까요. 그 시간만큼은 세현이를 지치게 하는 것들로부터 해방되는 느낌이 든대요. 그렇게 블록 조립을 완성하고 나면 뿌듯한 기분이 들고, 무언가를 해냈기에 스스로한테 대견하기까지 해서 행복하다고 해요.

게임을 좋아하는 친구들도 세현이와 비슷한 마음일 거예요. 다른 생각은 잠시 접어 두고 스트레스를 풀 수 있으니까요. 대신 어떤 취미든 해야 할 일을 미루고 거기에만 빠져 산다면 또 다른 스트레스가 되어 돌아올 수 있어요. 그러니 하루 계획에 맞춰 시간을 알맞게 활용하고, 중요한 일을 먼저 해야겠죠?

캠핑으로 스트레스를 날리는 영주

영주는 가족과 캠핑 가는 걸 즐겨요. 맨 처음에는 집 떠나서 고생이라고 생각했대요. 귀찮은 일투성이니까요. 하지만 지금은 캠핑의 매력에 풍덩 빠져서 가족에게 먼저 가자고 조를 정도래요.

캠핑장에 도착하면 부모님을 도와 텐트를 치고 장작에 불을 피우고 식사 준비까지, 할 일이 무척이나 많아요. 어디 그게 끝인가요. 설거지도 해야 하고, 가족들과 보드게임도 하고, 소곤소곤 대화도 나누지요. 그러다 보면 어느덧 밤이 오고, 하루 종일 움직인 탓에 평소보다 일찍 잠들어요. 다음 날 아침에는 상쾌한 공기를 맡으며 다시 집으로 돌아갈 준비를 하지요. 이렇게 할 일이 많으니 쓸데없는 생각이 끼어들 틈이 없대요. 그리고 캠핑장에서 무언가를 잘해야 한다는 압박감도 들지 않아서 좋대요.

이렇게 세현이나 영주처럼 스트레스가 풀리기 때문에 어떠한 활동에 좋아하는 마음을 담기도 해요. 잠깐 숨을 돌리고 기분을 환기시키기 위해 취미를 즐기는 것이지요. 다른 생각을 떨치고, 스트레스를 풀다 보면 지쳐 있던 일상을 다시 꾸려 갈 에너지를 얻을 수 있으니까요. 좋아하는 마음이 답답한 마음을 잠시 밀어내는 것이지요.

여러분도 스트레스를 확 풀어 주는 좋아하는 것이나 취미가 있나요?

뿌듯하고 성취감이 생겨요

'인간은 사회적 동물이다.'라는 말을 들어 본 적 있나요? 인간은 혼자서 살 수 없고 여러 사람과 더불어 살아간다는 특징을 표현한 말이에요. 여러분도 주변에 있는 많은 사람들에게 도움을 받거나 준 경험이 있을 거예요.

누군가에게 도움을 주었던 때를 생각해 보세요. 자신의 도움으로 가족이나 친구가 난감한 상황을 해결하였다면 그날 하루는 정말 기분 좋게 보내기도 하지요. 이처럼 뿌듯한 마음 또는 잘 해냈다는 성취감에 좋아하는 마음이 쑥쑥 생기기도 해요.

식물 당번 하윤이

하윤이는 반에서 기르는 식물에 물을 주는 역할을 하고 있어요. 왜 식물 당번을 하고 싶은지 물었을 때, 하윤이는 물 주는 것 자체가 작은 식물에게 도움이 되는 느낌이어서 좋대요. 조그맣던 식물이 하윤이의 돌봄과 정성을 통해 무럭무럭 자란다면 하윤이는 엄청 뿌듯한 기분이 들 거예요.

고민 상담사 유진이

이야기를 잘 들어 주는 유진이는 우리 반에서 인기가 정말 많은 학생이에요. 친구에게 무슨 일이 생겼을 때 가만히 얘기를 잘 들어 주고 곁에 있어 주거든요. 유진이는 친구들의 고민을 들어 주고, 자기가 친구에게 든든한 사람이 되었다고 느낄 때 행복하고 뿌듯하다고 해요. 그래서 고민 상담사를 자처하고 나선답니다.

이네 선생님과 반 친구들의 환경 이야기

선생님은 몇 년 전부터 환경에 관심이 생겼어요. 어느 날 뉴스에서 플라스틱 빨대가 코에 박혀서 고통스러워하는 바다거북을 보았거든요. 뭐라도 해야겠다는 생각이 들어서 공부하다 보니 환경을 지킬 수 있는 작은 취미들이 생겼답니다.

다회용품 사용하기, 친환경 제품 판매점 찾아다니기, 재활용품으로 비누나 샴푸 만들기 등등 종류도 정말 많아요. 최근에는 우리 반 아이들과 '푸른 지구 만들기 프로젝트'로 다 함께 플라스틱 칫솔을 대나무 칫솔로 바꿨는데, 저처럼 뿌듯해하는 친구들을 보니 성취감까지 들었어요.

하윤이나 유진이, 선생님과 반 친구들처럼 좋아하는 마음은 뿌듯함이나 성취감에서 생겨나기도 한답니다. 무언가를 해냈을 때의 그 뿌듯함으로 좋아하는 마음이 쑥쑥 자라고 취미가 되는 것이지요.

자, 이렇게 좋아하는 마음이 어디서 오는지 그 이유에 대해서 살펴 봤어요. 여기서는 크게 다섯 가지로 나누어 설명했지만 좋아하는 게 다양한 만큼 그 이유도 정말 다양할 수 있어요.

좋아하는 이유를 생각해 봤다면, 친구들과 이야기를 나눠 보세요. 마음이 통해서 함께하는 취미가 생길 수도 있으니까요. 혼자도 좋지만 함께하다 보면 더 좋아지는 것들도 있답니다.

혼자 생각하든 친구들과 함께 이야기하든 제일 중요한 건 내 마음을 들여다보는 일이에요. 무엇을 좋아하는지도 중요하지만, '왜 좋아하는지' 생각해 보기! 꼭 명심하세요.

취미를 만들어 주는 나라가 있다고?

북유럽에 위치한 나라 핀란드의 수도 헬싱키에서는 모든 초등학생과 중학생에게 방과 후 취미 활동 수업이 무료라고 해요. 우리나라에도 이런 '방과 후 학교' 프로그램이 있는데 비슷한 거 아니냐고요?

핀란드는 수도 헬싱키뿐만 아니라 핀란드 전역의 23만 명이 넘는 아이들에게 배우고 싶은 취미에 대해 설문 조사를 했어요. 설문 조사 결과에 따라 방과 후 시간에 무료로 배울 수 있도록 나라에서 도와줬답니다. 학교 또는 학교 근처 시설을 이용해서 말이에요.

그래서 핀란드 학생들은 미술, 연극, 영화, 요리, 코딩, 로봇, 스키, 우쿨렐레, 야구, 자수, 파쿠르(도시 장애물을 빠르게 넘고 이동하는 야외 스포츠) 등 다양한 분야를 방과 후 시간에 배울 수 있어요.

　돈이 많이 드는 활동은 체험이 어려울 수 있으니 나라에서 비용을 지원해 주는 거예요. 어릴 때부터 여러 가지 취미를 접할 수 있지요.

　이 부분이 우리나라의 방과 후 수업과는 좀 다른데, 우리나라는 교실이나 실험실 등 학교 공간 안에서 할 수 있는 활동 위주로 수업이 만들어지는 편이에요.

　어린이들이 각자의 취미를 갖도록 나라가 이렇게까지 나서서 돕는 이유는 무엇일까요?

　핀란드는 '취미'를 삶에서 중요한 가치 중 하나로 꼽아요. 학교에서 하는 공부도 중요하지만 그것보다 내가 좋아하는 활동을 하면서 보내는 시간을 아주 중요하게 여겨요. 취미가 삶의 질을 좌우할 수 있다고 생각하기 때문에 어렸을 때부터 내가 좋아하는 것이 무엇인지, 무엇을 할 때 즐거움을 느끼는지 진지하게 고민할 수 있어요.

선생님도 방학이 다가오면 학생들에게 다른 숙제는 내주지 않지만 꼭 당부하는 게 하나 있어요. 바로 '나의 취미를 만들고 즐기기'랍니다. 학교와 학원에 다니느라 바빠서 자기만의 취미 생활을 온전히 즐기지 못하는 우리나라 아이들에게 꼭 필요한 과정이지요.

이 시기에 자기가 뭘 좋아하는지 탐색해 보는 경험은 정말 중요해요. 무엇이든 해 봐야 자기가 좋아하는 걸 알 수 있으니까요. 어렸을 때부터 다양한 분야를 접해 보면서 나의 취향과 취미를 찾는 연습을 꾸준히 해야 한답니다.

열심히 탐색해서 찾은 나의 취미는 여러분의 삶을 움직이는 원동력이 되어 줄 거예요. 취미를 통해 느낀 만족감과 성취감은 힘을 북돋아 주는 삶의 엔진 역할을 해 주거든요. 공부하는 학생들에게도, 직장에서 일을 하는 어른들에게도, 지치고 힘든 일상 속에서 온전히 즐길 수 있는 나만의 취미 생활은 숨 쉴 공간이 되어 준답니다.

'회복 탄력성'이라는 말이 있어요. 살면서 시련이나 실패를 겪어 무너졌을 때 다시 일어날 수 있는 힘을 말해요. 마음의 근육 같은 것이지요.

우리는 취미를 찾아서 회복 탄력성을 기를 수 있어요. 취미를 통해 느꼈던 기쁨의 경험들은 사라지지 않고 여러분들 마음에 차곡차곡 쌓여서 튼튼한 마음 근육으로 자라게 됩니다.

여러분이 만들어 보고 싶은 취미 활동을 적어 보세요.

3장

좋아하는 게 없는데요

어쩌면 나에게 맞는, 나를 즐겁게 해 주는 취미를 계속 발견하고 도전해 보는 것 그 자체가 취미가 될 수도 있는 거지요.

좋았는데 싫어졌어요

화인이의 피아노 밀당

화인이는 피아노 연주를 굉장히 잘해요. 게다가 즐거워하고 좋아하지요. 하루는 화인이가 반 친구들에게 캐논이라는 곡을 연주해 줬어요. 그때의 감동이 아직도 생생해요. 감미로운 선율은 물론이고 화인이의 즐거워하는 표정과 멋진 손놀림에 선생님과 반 아이들은 눈을 뗄 수 없었지요. 화인이는 피아노 연습을 할 때 세상에서 피아노와 내가 단둘이 있는 기분이 든다고 해요. 또 한 곡을 끝까지 연주하고 나면 엄청난 기쁨과 뿌듯함이 느껴진다고 했어요.

그런데 화인이가 어느 날 갑자기 피아노 치는 게 더 이상 즐겁지 않다고 일기장에 적은 거예요. 그걸 보고 어떻게 된 일인지 궁금하기도 하고, 걱정도 돼서 수업이 모두 끝난 뒤에 화인이를 불러서 왜 그런 생각을 했는지 물어보았어요.

피아노 치는 게 좋아서 학원을 열심히 다녔던 화인이는 피아노 콩쿠르에 나가서 상을 타야겠다는 목표가 생겼대요. 콩쿠르에서 연주할 곡을 수십 번, 수백 번씩 연습하다 보니 어느 날부터인가 피아노 치는 게 싫어졌다는 거예요.

여러분, 화인이가 피아노를 좋아하던 마음은 어디로 사라진 걸까요? 아니면 좋아하는 마음이 갑자기 싫어하는 마음으로 바뀐 걸까요?

좋아하던 피아노가 더 이상 즐겁지 않다니, 친한 친구와 싸운 기분마저 들었을 거예요. 선생님은 화인이에게 콩쿠르에서 잘하려는 마음에 긴장되어서 그런 건 아닌지 물었어요. 잘해야겠다는 마음이 쌓이고 쌓여서 너무 무거워지면 몸과 마음도 지칠 수 있거든요. 무언가를 완벽하게 하려고 하면 긴장하고 예민해지잖아요. 그러다 보니 화인이도 피아노 칠 때의 그 즐거움보다 완벽하게 연주해야 한다는 결과에만 몰두하게 된 거예요.

어쩌면 '지치다'라는 표현이 생각나지 않아서 '싫다'라고 표현했을 수도 있지요. 보통 사람들은 부정적으로 느껴지는 감정을 뭉뚱그려 '싫다'라고 표현할 때가 많거든요. 다 자란 어

른들도, 선생님도 그래요. 그런데 그 부정적인 감정을 좀 더 자세히 들여다보면 어떨까요?

어떤 것을 너무 열심히 하다 보면 몸과 마음이 지칠 때가 있는데, 이걸 전문 용어로 '번아웃 증후군'이라고 해요. 좋아하던 것도 너무 몰두하다 보면 그 마음이 잠시 사라지게 될 때가 있어요. 이럴 때는 계속하기보다 내 마음에 집중하면서 잠시 휴식을 취해 보는 것도 방법이에요.

하지만 이런 상황과는 다르게 정말 좋아하던 것을 좋아하지 않게 될 수도 있어요. 좋아하는 마음이 다른 곳으로 옮겨 가는 것이지요. 무엇을 좋아했던 열렬한 마음이 없어진다면 당장은 기분이 이상해질 수도 있어요. 무언가를 좋아했던 마음과 그걸 위해 썼던 시간, 추억들이 다 사라지는 것 같아서요.

그런데 여러분, 좋아하는 마음뿐만 아니라 사람의 마음은 늘 변할 수 있어요. 그러니 예전에 좋아했다가 지금은 좋아하지 않는다고 해서 이상하거나 나쁜 것이 아니에요.

내가 예전에 무언가를 좋아하고 즐거워했고 기뻐했던 기억, 그리고 좋아하는 만큼 쏟았던 열정은 사라지지 않고 내 안에 남아서 나를 발전시키는 단단한 발판이 된답니다. 그 경험들을 발판으로 삼아 '더' 좋아하는 것들을 찾을 수도 있고요.

뒤에서도 이야기하겠지만, 사람들은 돈을 벌기 위해 직업을 가져요. 이때 좋아하는 일을 직업으로 삼는 사람도 있고, 잘하는 일을 직업으로 선택하는 사람도 있어요.

그렇다면 좋아하는 일이 직업이 되는 게 더 좋을까요? 이건 이것대로 고민이 있어요. 직업이란 대가를 받고 하는 일이기 때문에 취미와는 달라요. 단순히 즐기는 마음으로 가볍게 할 수 없다는 뜻이지요. 직업뿐 아니라 나에게 중요한 일일수록, 단순한 마음으로 즐기기 어려워지곤 해요.

하지만 어떤 선택을 하든 크게 걱정할 필요는 없어요. 좋아하는 마음이 상황에 따라 변하는 건 너무 당연한 일이거든요. 설령 그걸 직업으로 삼았다고 해도요. 세상에는 재미있는, 즐길 수 있는, 신기하고 색다른 것들이 정말 많아요. 새로운 것들을 탐색하며 내가 좋아하는 것들로 또 다시 일상을 채워 나가면 돼요. 다른 것을 좋아하는 마음으로 자리를 채웠다가 시간이 흘러서 과거에 좋아했던 무언가가 다시 좋아지는 때가 오기도 해요.

이렇게 좋아하는 마음은 커지기도 작아지기도 하고 여기에서 저기로 옮겨 가기도 한다는 거, 알겠죠? 불안해할 필요 없어요!

좋아하는 거? 그냥 없어요!

연기를 좋아하는 규민이

우리 반 규민이는 무엇을 좋아하는지 물었을 때, 없다고 대답했어요. '그냥' 없다고요. 없는 것도 아니고 '그냥' 없다니. 이상한 마음에 얘기를 더 나눠 보니 좋아하는 게 있다고 털어놨어요.

규민이는 연기하는 걸 좋아해요. 하지만 연기하는 걸 좋아한다고 말하면 배우가 꿈인지, 연예인이 되고 싶은 건지 묻는 사람이 많아서 그냥 없다고 한대요.

여러분은 좋아한다고 하면 다른 사람들이 내가 그것을 잘한다고 생각할까 봐 선뜻 말을 꺼내지 못한 경험이 있나요? '연기를 좋아한다고 하면 배우를 꿈꾸고 재능이 많은 줄 알겠지?' '그림 그리는 걸 좋아한다고 하면 아주 잘 그리는 줄 알겠지?' 같은 고민들이요. 하지만 잘하는 것을 꼭 좋아할 필요는 없듯이, 좋아하는 걸 꼭 잘해야 할 필요도 없어요.

좋아하는 이유에는 여러 가지가 있다는 걸 우리는 이제 알잖아요. 좋아하는 마음과 그걸 알아 가는 과정이 중요한 거지 잘할 필요도 없고, 거창하지 않아도 괜찮아요.

좋아하는 게 있다는 것만으로도 아주 멋진 일이에요. 다른 사람들의 평가는 중요하지 않아요. 여러분이 가진 좋아하는 마음은 있는 그대로 존중받을 수 있는 소중한 마음이거든요.

하지만 규민이와 달리, 진짜로 좋아하는 게 없거나 좋아하는 게 뭔지 몰라서 선생님에게 고민 상담을 했던 친구도 있었어요.

좋아하는 게 없는 승환이

승환이는 좋아하는 게 없다고 고민을 털어놨던 친구예요. 선생님은 승환이에게 학교도 안 가고, 방과 후 교실이나 학원도 안 가는 일주일이 주어진다면 뭘 하고 싶은지 물었어요. 당연히 부모님도 선생님도 승환이에게 잔소리를 하지 않는다는 조건에서요.

그럴 때 하고 싶은 일을 적어도 다섯 가지, 많게는 열 가지까지 종이에 써 보라고 했어요.

1. 늦잠 자기
2. 하루 종일 게임하기

두 번째까지는 쉽게 적던 승환이가 한참을 고민하다가 나머지를 주욱 써 내려갔어요.

3. 영화 보기

4. 퍼즐 맞추기
5. 역사 만화책 시리즈 다 읽기
6. 소셜 미디어 구경하기
7. 축구 하기
8. 영상 보고 음식 만들기
9. 집에 친구들 초대하기
10. 음악 들으면서 낙서하기

적은 것 중에 좋아하는 게 있냐고 승환이에게 물으니 배시시 웃으며 그냥 하는 것들도 있는데, 좋아서 하는 것도 있다고 대답했어요.

여러분도 좋아하는 게 없나요? 그럴 땐 이렇게 하나하나 써 보세요. '누가 시키지 않아도' 하는 일들, 시간을 가장 많이 보내는 일들을 떠올려 보면 훨씬 수월하게 적을 수 있답니다.

승환이가 적어 내려간 것들은 모두 승환이가 이미 경험해 보고, 좋았던 일들이에요. 아마 시간이 더 지나면 열 가지로는 부족할 만큼 늘어나겠지요. 앞으로 도전하고 경험해 볼 거리가 훨씬 많으니까요.

　자기만의 취향과 취미를 가지려면 경험해 보고, 생각해 보는 게 중요해요. 겪어 보지 않으면 어떤 게 나에게 즐거움을 주는지 알 수 없고, 시간 내어 생각해 보지 않으면 이걸로 어떤 취미를 만들 수 있을지 알 수 없거든요.

　먹고, 듣고, 타고, 입고, 만지고, 가고 이것저것 다 해 보는 거예요. 경험하고 도전하는 것은 귀찮아하거나 두려워해선 안 돼요. 나에게 맞지 않는다면 나에게 맞는 것을 또 찾으면 되니까요.

　몸을 움직이는 활동을 좋아한다면 다양한 운동을 찾아보고 경험하는 것을 추천해요. 이것저것 하다 보면 나에게 맞는 운동을 찾을 수 있을 거예요. 장비를 사용하는 운동도 있고 장비 없이 할 수 있는 맨몸 운동도 있어요. 격렬하게 움직이는 운동도 있고 부드러운 유연성을 필요로 하는 운동도 있지요.

　음악을 좋아한다면 관심 있는 악기 하나를 배워 볼 수도 있고 좋아하는 장르의 음악을 찾아서 들을 수도 있어요. 음악회,

뮤지컬, 콘서트를 보러 갈 수도 있고요.

　여기서는 몇 가지만 얘기했지만 여러분이 경험할 거리는 셀 수 없이 많아요. 다양한 분야에 관심을 가지는 것만으로도 충분하답니다. 일단 한번 해 보고 나에게 맞는 취미, 나를 즐겁게 하는 취미를 찾아보세요.

　취미는 많아도 되고 바뀌어도 괜찮아요. 완벽하게 잘해야겠다는 부담을 가질 필요도 없어요. 다른 사람이 몰라줘도 괜찮아요. 내가 좋아서 하는 취미인데 다른 사람의 평가를 받을 필요는 없잖아요.

　어쩌면 나에게 맞는, 나를 즐겁게 해 주는 취미를 계속 발견하고 도전해 보는 것 그 자체가 취미가 될 수도 있는 거지요.

내가 좋아하는 걸
부모님은 싫어해요

유튜브 시청이 취미(?)인 하담이

하담이는 유튜브를 보거나 게임하는 걸 좋아해요. 인기 있는 유튜버를 줄줄이 꿰고 있고, 컴퓨터 게임뿐만 아니라 스마트폰 게임에도 선수예요. 기분 상한 일이 있을 때는 게임을 하거나 유튜브를 보면서 스트레스를 풀기도 하죠.

하담이는 유튜브를 보고 게임을 하는 게 자기 취미인데, 엄마가 이런 활동은 취미가 아니라며 너무나도 싫어하고 매일 잔소리를 한대요. 하담이는 자기 마음과 취미도 몰라주는 엄마 때문에 답답할 노릇이래요.

하담이처럼 게임을 하거나 유튜브 영상을 보는 것이 취미인 친구들이 많을 거예요. 하지만 부모님들이 이걸 취미로 인정해 주지 않지요. 그래서 고민이고요. 어쩌면 부모님도 비슷한 고민을 하고 계실 수 있어요. 우리 아이가 틈만 나면 게임과 스마트폰만 한다고 말이에요. 이럴 때 부모님과 어떤 대화를 하면 좋을까요?

먼저 여러분에게 '여가'에 대해 이야기하려고 해요. 사람들은 저마다 하루에 해야 하는 일들이 있는데, 그 일들을 바쁘게 해내다 보면 잠시 쉴 수 있는 짬이 나요. 이 시간을 지금부터 '여가'라고 부를게요.

게임 이야기를 하다 말고 '여가'에 대해 설명하는 이유가 뭘까요? 잘 생각해 보면 여러분의 취미는 곧 여가와도 관련이 있기 때문이에요. 많은 사람들이 여가 시간에 자기가 좋아하는 것들을 하거든요.

하담이의 취미는 게임을 하고 유튜브를 보는 거예요. 하담이는 짬이 날 때 즉, 여가 시간에 게임을 하거나 유튜브 영상을 봐요. 하담이가 게임과 유튜브를 통해 즐거움을 느낀다면 이것도 취미라고 할 수 있어요.

다시 여가에 대한 이야기로 넘어가서, '여가'라는 단어에 '경력'이란 단어를 붙여 볼게요. 경력은 여러 가지 일을 겪어 봤다는 뜻이에요. 그럼 '여가 경력'은 여가 시간에 무언가를 해 보았던 경험들을 뜻하지요.

어른이 되었을 때 이 '여가 경력'이 아주 중요하거든요.

여가 경력이 별로 없는 어른들은 자기만의 시간이 생겼을 때 뭘 해야 할지 잘 몰라요. 그러니 정작 소중한 자유 시간이 생겨도 영상 보기, 스마트폰 하기, 게임 하기 등으로 시간을 보내곤 하지요. 이런 관점에서 생각해 본다면 하담이가 짬이 날 때마다 게임을 하거나 유튜브 영상만 보는 건 조금 아쉽다는 생각이 들어요.

　이런 활동이 나쁜 취미라는 것은 아니에요. 하지만 여가 시간을 보내는 다양한 방법을 잘 몰라서 그런 거라면 너무 아쉽지 않을까요?

　선생님은 여러분이 지금부터 여가 시간에 무엇을 할 수 있을지 접해 보고 다양하게 경험해 봤으면 좋겠어요. 그리고 주어진 여가 시간에 무엇보다 내가 좋아하는 취미 활동을 하면 더 좋겠지요.

　여성가족부 조사 결과에 따르면, 우리나라 초등학생들은 여가 시간에 대부분 스마트폰을 본다고 해요.*

　방과 후 학교 주변에서 제일 흔하게 볼 수 있는 장면은 무엇일까요? 바로 혼자 또는 삼삼오오 모여서 스마트폰으로 게임을 하는 학생들의 모습이에요. 그리 놀라울 일도 아니에요.

　그럼 모든 아이들에게 세상에서 제일 재미있는 일이 스마트폰으로 게임을 하고 영상을 보는 걸까요?

그렇지 않아요. 학생들을 대상으로 하고 싶은 여가 활동을 조사했을 때, 게임은 4위에 머물렀어요. 1위는 문화·예술 관련 활동, 2위는 모험·개척 관련 활동이었지요.**

이 결과를 보면서 선생님은 여러분이 어쩌면 여가를 제대로 즐겼던 경험이 없거나 적어서, 또는 방법을 몰라서 게임이나 스마트폰을 자주 한다는 생각도 들어요.

우리나라 아이들은 어릴 때부터 학교 끝나면 이 학원 저 학원 다니느라 바빠서 여가 시간이 별로 없잖아요. 그래 봤자 학원 가기 전 잠깐이나 집에서 숙제하고 잠자리 들기 전에 짬이 나는 정도일 거예요. 그래서 제대로 된 여가를 경험해 본 적이 많지 않지요.

그럼에도 불구하고 하담이처럼 게임과 유튜브 영상 시청이 취미라면 부모님께 어떻게 설명하면 좋을까요? 어떤 대화를 해 보면 도움이 될까요?

먼저, 부모님께 내가 취미로 즐기는 게임은 어떤 것인지, 유튜브 영상은 어떤 것들을 보고 좋아하는지 말씀드려 보세요. "아, 그냥 게임!"이라고 대답하는 것보다 훨씬 더 관심 가져 주실 테니까요.

게임을 하거나 유튜브 영상을 보는 것도 취미의 종류로서 존중받아야 하는 것은 맞아요. 유용한 스트레스 해소법이 될 수 있잖아요.

다만, 여기에만 너무 오래 빠져 있지 않도록 주의해야겠지요. 중독 위험이 있는 것들이니 지나치게 빠져 버리면 더 이상 취미가 아니에요. 스스로 자제하는 연습과 노력이 필요하답니다. 그래야 부모님도 인정해 주시겠죠?

---

* 2023년 5월에 발표한 2023 청소년 통계 - 여가 부문을 살펴보면 초등 고학년(4~6학년)의 여가 시간은 1~2시간 사이가 가장 많은 비중을 차지해요. 그리고 초등학생 평균 스마트폰 사용 시간에 대한 통계를 보면 초등 고학년(4~6학년)은 하루 1시간 45분 동안 스마트폰을 사용한다고 해요.

** 2023 청소년 종합 실태조사에서 청소년(9~18세)들이 앞으로 하고 싶은 여가 활동은 무엇이냐는 질문에 1순위는 문화·예술 관련 활동(43.6%), 2순위는 모험·개척 관련 활동(13.5%), 3순위는 과학·정보 활동(12.5%)으로 조사되었어요.

같이 취미를 찾아볼까?

뭘 해야 할지 몰라서 스마트폰만 본 거라고요? 여가 시간에는 뭘 할 수 있는지, 다른 사람들은 어떤 취미를 갖고 있는지 함께 알아봐요. 아래 목록을 살펴보고, 관심 있는 활동에 도전해 보세요. 나만의 취미 찾기, 더 이상 어렵지 않을 거예요.

성취감과 건강을 함께! 스포츠

신나게 물놀이를 한 다음에 먹는 밥맛을 아나요? 평소보다 훨씬 꿀맛이에요! 그리고 건강한 몸은 건강한 정신을 만들어 준대요. 몸을 활발하게 움직이며 할 수 있는 재미있는 활동을 알아봐요.

등산, 축구, 걷기, 하키, 춤, 요가, 테니스, 산책, 수영, 양궁, 스키, 달리기, 자전거, 스케이트, 줄넘기, 배드민턴, 탁구, 발레, 복싱, 클라이밍, 주짓수 등은 기초 체력을 키워 주고, 해냈다는 성취감과 자신감도 높여 줘요.

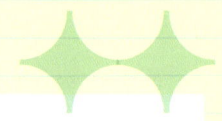

건강한 몸이 건강한 정신을 만든다!

이곳저곳 다니고 싶다면? 체험 활동과 탐방

집에만 있기 심심해서 밖에 나가 돌아다니고 싶은 친구들에게 딱! 다양한 체험 활동과 투어를 알아봐요.

낚시, 캠핑, 스노클링, 여행, 서점 탐방, 고궁 탐방, 맛집 다니기, 플로깅(조깅하면서 쓰레기 줍기), 숲 체험 등이 있어요.

집중력이 필요해! 두뇌 활동

계속 헤매던 수학 문제를 풀었을 때, 알쏭달쏭 퀴즈를 맞혔을 때 희열을 느끼나요?

블럭 맞추기, 퍼즐, 보드게임, 미로 찾기, 도미노, 바둑, 큐브, 체스, 수학 퍼즐 등은 머리가 팽팽 돌아가는 취미 활동이에요.

오! 방법을 찾아냈어!

마음의 평화를 위해! 안정감을 높이는 활동

생각이 꼬리에 꼬리를 물고, 잡생각을 떨칠 수 없나요?

명상, 다도, 필사, 서예, 음악 감상 등은 마음의 평화를 되찾아 주는 활동이에요.

세상은 예술과 문화로 가득해! 감상 활동

보고 듣고 만지고, 세상에는 정말 다양한 예술 작품들이 있어요. 문화 생활을 하자면 평생이 모자랄 정도지요.

전시회, 음악회, 미술관, 음악, 영화, 독서, 만화, 콘서트 등으로 세상의 예술과 문화를 느껴 봐요.

내 생각과 마음을 드러내고 싶어! 표현 활동

자기 생각을 글로 표현하는 작가, 신들린 연기력으로 극찬받는 배우 등 서로 다른 방식으로 역할이나 생각을 표현하는 사람들이 있어요. 여러분도 내 안에 담겨 있는 생각이나 마음을 글이나 몸짓으로 표현해 봐요.

연기, 춤, 마술, 노래, 악기, 그림 그리기, 글쓰기, 사진 찍기, 캘리그라피 등 다양한 방법으로 드러낼 수 있어요.

결과물을 만들고 싶어? 창작 활동

눈으로 보이는 결과를 확인하고 싶나요?

영상 편집, 프로그래밍, 작사, 작곡, 수공예, 요리, 뜨개질 등 내 정성과 아이디어가 잔뜩 들어간 창작 활동에 도전해 봐요.

뜨개질로 목도리를 완성해야지.

함께할 때 더 즐거워요! 친목 활동

친구든 가족이든 사람들과 함께 있을 때 즐겁고 재밌다면, 사람들과 소통하는 활동에 도전해 봐요. 이미 하고 있을지도 몰라요.

동생과 놀아 주기, 친구 또는 주변 사람의 고민이나 이야기 들어 주기, 독서 모임, 사진 출사 모임, 토의와 토론, 인터뷰 등이 있어요.

이 작가의 글은 늘 감동적이야.

4장

좋아하는 일이 직업이 되나요?

좋아하는 게 직업이 될 수는 있지만, 좋아한다고 해서 꼭 직업으로 삼아야 하는 것은 아니에요. 말 그대로 취미가 되어 나를 기쁘게 해 준다면 그것 자체로도 나를 나답게 존재하도록 도와주니까요.

직업의 씨앗이 되는
좋아하는 마음

직업은 돈을 벌기 위한 수단이 되기도 하지만 내 삶의 가치를 실현하는 세계가 되어 주기도 해요. 좋아한다면 그게 직업이 될까요? 당연히 좋아하는 일을 발전시켜서 나중에 직업으로 연관 지을 수도 있어요.

영상 찍는 게 좋아서 촬영 감독이 된다거나 옷에 관심이 많아서 패션 디자이너가 된 사람들도 많으니 여러분도 좋아하는 걸 생각해 보세요. 정말 다양한 직업들이 있을 거예요.

예를 한번 들어 볼까요? 여러분이 책에 관심이 많고 책과 독서를 좋아한다면 어떤 직업을 떠올릴 수 있나요?

많은 친구들이 "작가!"라고 말할 것 같아요. 물론 상상하고 창작하는 것을 좋아하거나 글쓰기를 좋아한다면 작가라는 직업도 좋아요. 책의 분야도 다양하니 어떤 종류의 책을 쓰는 작가인지도 중요해요.

그런데 좀 더 깊이 들여다보면 책과 관련된 직업을 더 많이 찾을 수 있어요. 사람들에게 필요한 책을 추천해 주는 북큐레이터, 도서관에서 책을 정리하고 관리하는 사서, 책을 편집하고 만드는 출판 기획자, 독서를 통해 사람들의 심리를 치료해 주는 독서 치료사, 서점에서 책을 진열하는 매장 관리인, 어린이에게 재미있는 이야기를 들려주는 동화구연사, 중요한 일을 문서로 남기는 기록물 관리사, 다른 언어로 만들어진 책을 한국어로 번역하는 번역가, 시각 장애인들을 위해 일반 문자를 점자로 바꾸는 점역사, 내용과 어울리면서 읽기 좋게 책을 디자인하는 북 디자이너, 책을 읽고 사람들에게 자신의 논평을 전하는 평론가 등등.

어때요? 정말 많죠? 우리가 자주 접하는 직업 이외에도 보이지 않지만 책과 관련된 일을 하고 있는 직업은 아주 다양해요. 물론 그중 나에게 어떤 일이 가장 잘 맞을지 정하려면 각각의 직업에 대한 깊은 탐구가 필요할 거예요.

여러분이 더 잘 이해할 수 있도록 몇 가지 예시를 좀 더 준비했어요.

여기 적힌 직업들이 전부는 아니니까 어떤 직업이 더 있을지 여러분도 생각해 보고 옆에 더 적어 봐도 좋아요.

💬 **나는 사람들 앞에 나서서 발표하거나 내 의견을 말하는 걸 좋아해.**

→ 이야기를 자신감 있고 소신 있게 말하는 일

(관련 직업) 교사, 방송판매자, 국회의원, 뉴스 앵커, 변호사 등

💬 나는 주변을 항상 깔끔하게 정돈하고 원하는 장소에 물건을 두어 효율적으로 찾는 걸 좋아해.
→ 상황에 맞게 주변을 꾸미고 환경을 정돈하는 일

(관련 직업) 인테리어 디자이너, 사서, 조경 설계사, 물류 관리사, 정리 수납 전문가 등

💬 나는 방의 가구 배치를 이리저리 바꾸거나 분위기를 바꿔서 꾸미는 것을 좋아해.
→ 호기심을 갖고 상상하고 생각하는 일

(관련 직업) 건축가, 무대 디자이너, 유튜브 크리에이터, 가상 현실 전문가, 작가 등

💬 나는 수학 문제를 어려워하는 친구에게 방법을 고민해서 알려 주는 것을 좋아해.
→ 문제를 해결해 다른 사람들을 돕는 일

(관련 직업) 사회 복지사, 교수, 경찰관, 간호사, 반려동물 행동 교정사, 소방관 등

💬 나는 책을 읽는 것도 좋아하지만, 내가 읽은 것을 다른 사람들에게 알려 주고 추천하는 것을 좋아해.
→ 연구하고 다른 사람들과 함께 의견을 나누는 일

(관련 직업) 여행 가이드, 통역사, 기자, 사회 단체 활동가 등

💬 **나는 한 가지 일을 오랫동안 하면서 차츰 나아지는 모습이 좋아.**
→ 무언가를 꾸준하고 끈기 있게 하는 일
(관련 직업) 우주 비행사, 기상학자, 편집자, 영화감독, 웹툰 작가, 출판 기획자 등

💬 **나는 물건 조립을 좋아하고 고장 난 물건을 고치기 위해서 분해하고 문제점을 찾았을 때 기분이 짜릿해.**
→ 관찰을 통해 문제를 찾아내고 그것을 고치는 일
(관련 직업) 심리학자, 자동차 정비사, 로봇 연구원, 의료 기기 개발자 등

💬 **나는 내가 쓰는 물건들이 친구들 사이에서 유행하면 기분이 좋아.**
→ 트렌드를 잘 파악하고 유행을 만들어 가는 일
(관련 직업) 홍보 마케터, 광고 기획자, 의상 디자이너, 모델, 스타일리스트 등

😊 교실에 앉아서 공부하는 것보다 직접 나가서 보고 느끼는 게 좋아. 실내보다 야외에서 이루어지는 활동을 좋아해.

→ 야외에서 직접 움직이며 하는 일
(관련 직업) 레저 스포츠 강사, 항해사, 비행기 조종사, 지질학자, 여행 작가 등

내가 좋아하는 것과 연결해 상상해 볼 수 있는 직업들이 정말 많죠? 여러분도 이렇게 내가 좋아하는 것을 적고, 관련된 직업을 하나씩 찾아보세요. 꼭 하나가 아니어도 괜찮아요. 내가 좋아하는 일이 직업이 될 수 있는지 떠올려 보는 시간을 갖는 거예요. 어떤 직업이 되면 좋을지 하는 마음으로요.

직업과 관계없으면 좋아하는 마음은 쓸모가 없나요?

좋아하는 게 직업이 될 수는 있지만, 좋아한다고 해서 꼭 직업으로 삼아야 하는 것은 아니에요. 말 그대로 취미가 되어 나를 기쁘게 해 준다면 그것 자체로도 나를 나답게 존재하도록 도와주니까요.

이네 선생님의 요리 이야기

선생님의 취미 중 하나는 요리랍니다. 잘하는 건 아니지만 요리를 좋아하는 이유가 있어요. 선생님은 평소에 성격이 급한 편인데, 요리를 할 때만큼은 느긋해져요. 물 끓는 시간, 음식 익는 시간, 재료를 손질하는 시간 등 필요한 시간을 기다리다 보면 자연스럽게 마음의 여유가 생기고, 기다리는 습관을 배우게 돼요. 또 나에게 맛있는 한 끼를 정성껏 대접했다는 생각이 들어서 사소한 하루가 근사하게 느껴지기도 한답니다.

배우 심형탁 아저씨의 캐릭터 사랑 이야기

이번에는 좀 더 유명한, 배우 심형탁 씨 얘기를 해 볼까요? 심형탁 배우는 만화 주인공 '도라에몽'을 좋아하는 마니아예요. 어느 방송에서 소개된 심형탁 배우의 집에는 도라에몽 캐릭터 물건들이 가득했어요.

그 모습도 신기했지만 더 놀라웠던 건 도라에몽을 바라보는 심형탁 배우의 표정이었어요. 무언가를 열렬히 좋아하는 그런 표정이요. 그가 도라에몽을 좋아하게 된 이유는 어린 시절 아픔 때문이라고 해요. 학창 시절에 심형탁 배우는 따돌림을 당했었는데, 집에서 혼자 애니메이션을 보는 시간이 많았대요. 도라에몽과 친구가 되는 상상을 하며 학창 시절을 무사히 보낼 수 있었고, 덕분에 어른이 된 지금도 여전히 좋아한다고요.

선생님처럼 요리를 잘하지 못해도 그 시간이 나에게 의미가 있다면 계속해도 돼요. 또 심형탁 배우처럼 무언가를 좋아하는 마음은 내면의 상처를 치유하는 치료제 역할도 하지요. 심형탁 배우에게는 그 치료제가 만화 캐릭터이지만, 산책을 좋아할 수도 있고 청소를 좋아할 수도 있고요. 달콤한 과일을 먹는 것을 좋아할 수도 있어요.

좋아하는 것이라고 해서 꼭 직업과 관련 시킬 필요는 없어요. 그 자체로 나에게 힘이 되어 주고 나를 웃게 해 주는 것이라면 얼마나 큰 기쁨인가요?

여러분도 이른바 '덕질' 하는 것이 있나요? 푹 빠져서 몰입하는 무언가 말이에요. 있다면 정말 멋있다고 말해 주고 싶어요. 나의 일상을 즐겁게 해 주는 걸 열심히 하고 있다니, 대견해요.

무엇이 됐든 좋아서 하고 있다면 꾸준히 계속해 보세요. 좋아하는 분야에서 취향이 맞는 친구를 만날 수도 있고, 계속 파고들다 보면 나도 모르게 그 분야에서 전문가가 될 수도 있어요. 그리고 제일 중요한 것! 내가 어떤 사람인지 조금 더 이해할 수 있을 거예요. 직업으로 삼는다고 부담 갖지 말고 일단 그냥 하는 거예요. 왜? 좋아하니까!

직업에 날개를 달아 줄 취미

만화를 사랑한 소년이 세계적인 영화감독으로

세계적으로 유명한 봉준호 감독은 만화 그리는 것을 아주아주 좋아했는데, 그 경험이 일에도 큰 도움이 되었다고 해요.

보통 영화를 촬영하기 전에 이야기 장면을 그림이나 사진으로 정리하여 스토리 보드를 만들어요. 봉준호 감독은 스토리 보드에 배우들의 움직임과 대사, 카메라의 각도 등을 만화처럼 섬세하게 표현했대요. 함께 일하는 사람들이 촬영 내용을 이해하기가 쉬우니 훨씬 좋은 작품을 만들 수 있었답니다.

취미에서 사업 아이템을 찾은 기업가

서핑이 취미인 닉 우드먼은 서핑하는 모습을 촬영하고 싶어 카메라를 손목에 묶고 시도했지만 파도 탓에 카메라가 흔들려서 여러 번 실패했다고 해요. 그때부터 스포츠용 카메라 개발을 시작하여, 방수가 되면서 작고 가볍고 흔들림에 강한 카메라를 출시해 사람들에게 큰 사랑을 받았지요.

이렇게 푹 빠져 지냈던 취미는 직업이 되지 않더라도 나중에 다른 분야에서 일할 때 도움을 주기도 해요. 지금 여러분의 취미가 훗날 어떻게 쓰일지는 아무도 알 수 없답니다.

취미가 직업이 된 사람들

브릭 사진가 이제형

🙂 '브릭 사진가'란 무엇을 하는 직업인가요?

🙂 브릭 사진가는 레고를 가지고 영화의 어떤 장면이나 에피소드를 연출하여 사진을 찍는 사람입니다.

🙂 처음부터 이 일을 하셨어요?

🙂 원래는 특수 교량을 설계하는 엔지니어였어요.

🙂 엔지니어셨다니, 무언가를 만드는 걸 좋아하셨나 봐요. 어떻게 하다가 브릭 사진가가 되셨어요?

🙂 평소 레고를 조립하는 것과 사진 찍기를 좋아했는데, 아이와 함께 레고를 가지고 놀면서 사진을 찍기 시작했어요. 제가 좋아하는 영화〈스타워즈〉에 나오는 인물들로 연출하여 사진을 찍었는데, 그걸 취미로 꾸준히 해 왔어요.

😊 그러니까 레고, 사진, 영화 등 갖고 계시던 여러 취미가 합쳐져서 '브릭 사진가'라는 직업으로 이어진 거군요. 이전에 직업이 교량 설계 엔지니어셨는데, 그 직업과 브릭 사진가 직업의 공통점이 있나요?

😊 설계도 그렇고 블록 조립도 그렇고 각 조각들이 딱 맞아떨어져야 완성되고, 무언가를 새롭게 만들어 낸다는 공통점이 있어요. 저는 이런 점을 좋아하는 사람이란 걸 스스로 잘 알고 있었기 때문에 관련된 일을 찾을 수 있었어요.

😊 역시 자신이 무엇을 좋아하는지 잘 알아 두는 게 그만큼 중요하군요. 만드신 여러 작품이 있으실 텐데, 혹시 기억이 남는 작업이 있으신가요?

😊 2019년은 우리나라가 일본으로부터 독립한 지 100주년 되는 해였어요. 100주년을 기념하여 외국인들에게 우리나라의 독립운동을 알리고 싶은 생각으로 독립운동 장면을 레고로 표현하기도 했습니다.

* 이 내용은 김시연, "레고로 거듭난 김원봉·소녀상…", 「오마이뉴스」, 2019년 8월 26일. 기사를 참고하여 만든 가상 인터뷰입니다.

한복 디자이너 황이슬

😊 너무 예쁘고 통통 튀는 한복 디자인으로 유명하신 분이에요. 어떻게 한복 디자인 공부를 하게 되셨어요?

🧥 대학생 때 만화책을 좋아했는데 《궁》이라는 만화책을 보다가 주인공이 일상복처럼 입고 다니는 한복에 마음을 빼앗겼어요. 책 속 그림을 따라 퓨전 한복을 그리다 보니 패션 공부를 하기 시작했고, 현대에서도 사람들이 한복을 편하게 입고 다녔으면 좋겠다는 생각까지 들더라고요. 그렇게 하나씩 차근차근 공부하며 만들다 보니 한복에 활동성을 더한 저만의 브랜드를 만들게 되었답니다.

* 이 내용은 조희신, "가치 있는 우리 옷 한복…", 「문화뉴스」, 2021년 7월 5일. 기사를 참고하여 만든 가상 인터뷰입니다.

💬 좋아서 파고들었던 마음으로 직업까지 이어졌군요. 몇 년 전에는 세계적으로 인기가 높은 그룹 BTS의 멤버가 황이슬 디자이너 님의 한복을 입고 무대에 서서 큰 주목을 받기도 했는데요, 마음이 어떠셨어요?

저는 한복이 청바지나 티셔츠처럼 편하게 꺼내 입는 옷이 되었으면 하는 바람으로 한복을 전 세계에 알리고자 힘쓰고 있어요. 제가 좋아하는 우리나라 전통 의상 한복이 세계에서도 많은 사랑을 받을 수 있도록 다방면으로 노력할 거랍니다.

여기 두 사람처럼 좋아하는 마음이 직업까지 이어지는 사례도 있지만, 직업으로 삼지 않아도 그 마음을 가꾸면서 즐겁게 살아가는 사람들도 많아요. 반려동물과 함께 놀며 즐거움을 찾는 사람, 종이접기를 할 생각에 설레는 마음으로 색종이를 사러 가는 사람, 춤출 때 느끼는 자유와 에너지를 좋아하는 사람 등 크든 작든 좋아하는 마음으로 기쁨을 느끼며 사는 사람들이 있어요.

우리가 보내는 하루는 즐겁고 기쁜 일로만 채워지지 않아요. 그러니까 내가 좋아하는 것들로부터 기쁨을 틈틈이 부지런히 찾아보세요. 나의 일상과 나의 삶을 더 행복하게 만들 수 있도록요. 그런 하루가 모여서 한 달이 되고 일 년이 되고 나의 삶이 된답니다.

5장

진짜 좋아하는 게 맞을까?

추천해 주는 정보가 모두 내가 좋아하는 게 아닐 수 있고, 계속 같은 방식으로 정보를 얻다 보면 나에게 새로운 생각과 경험을 제공해 줄 정보를 받아들일 기회를 차단하게 돼요.

네가 좋아하니까
나도 좋아해야지

취미나 취향은 가족이나 친구의 영향을 많이 받기도 해요. 나와 많은 시간을 보내고 여러 가지 경험을 공유하며 이야기를 나누다 보면 자연스레 서로에게 영향을 주고받지요.

하지만 주변 사람들이 좋아한다고 해서 그게 꼭 정답은 아니에요. '내가 이걸 정말 좋아하는 것이 맞나?'라는 생각과 함께 내 마음에 귀 기울이는 연습이 필요합니다. 작은 목소리는 더 큰 목소리에 묻히기 쉽거든요.

내가 다른 사람의 취향을 존중할 수 있듯이, 내 취향도 존중받아야 한다는 마음으로 자신 있게 표현해 보세요. 다른 것은 틀린 것이 아니랍니다.

나는 동생과 취향이 달라!

나는 언니와 취향이 달라!

미디어가 만들어 내는 취향

요즘 우리 친구들은 주로 소셜 미디어나 유튜브 영상을 통해서 친구들의 근황을 살피고, 유행이 뭔지 파악하고 있어요. 요즘 뜨는 노래, 요즘 뜨는 패션, 요즘 뜨는 신조어 등 사람들이 좇아가는 유행과 흐름은 대부분 미디어를 통해 얻고 있지요. 미디어는 우리에게 꼭 필요한 정보를 제공하기도 하지만, 많은 정보를 제공하는 것만큼 우리 취향에 영향을 주기도 한답니다.

미디어란 여러 가지 정보를 사람들과 연결해 주는 모든 것이라고 할 수 있어요. 미디어의 종류에 따라 정보는 글이나 그림 또는 소리나 영상일 수도 있어요. 두 가지 이상이 합쳐진 정보일 수도 있지요.

쉽게 말해 미디어는 정보를 담는 그릇이에요. 그릇의 종류가 다양하듯 미디어의 종류도 다양해요. 텔레비전, 영화, 책, 잡지, 스마트폰, 컴퓨터, 인터넷, 유튜브, 소셜 미디어 등 그 종류도 다양하고, 계속해서 새롭게 생겨나기도 해요.

선생님과 여러분처럼 미디어와 가깝게 지내는 사람이 점점 많아지는 건, 원하는 '정보'를 손쉽게 얻을 수 있기 때문이에요. 숙제에 필요한 정보뿐만 아니라 내 친구의 취향, 여행지의 정보 등 정말 다양한 것들을 찾아볼 수 있지요. 이렇게 들여다보니 미디어가 우리 삶에 얼마나 큰 영향을 끼치는지 알겠어요. 그런데 미디어를 통해 받아들이는 정보들은 나에게 꼭 필요하고 내가 좋아하는 게 맞을까요?

시계에 관심이 있어서 몇 번 검색을 했더니 어떻게 알고 내가 관심 있던 시계를 추천하는 영상을 띄워 주는지, 내가 사고 싶어 했던 물건을 어떻게 알아냈는지 정보를 찾아다니다 보면 신기하게도 미디어에 의해 내 취향을 저격당할 때가 있어요.

여기서는 미디어가 우리 취향에 미치는 영향을 말해 보려고 해요. 지금 여러분이 보고 듣는 것들은 정말 여러분의 취향에 딱 맞나요?

알고리즘의 위험성

유튜브를 보다가 내가 평소에 관심 있었던 영상들이 자동으로 추천되는 신기한 경험을 해 봤을 거예요. 유튜브는 알고리즘을 통해 사용자의 취향을 분석해서 사용자가 좋아할 만한 콘텐츠를 추천해요.

유튜브뿐만 아니라 넷플릭스 같은 영화·드라마 시청 플랫폼, 음악 감상 플랫폼도 사용자가 좋아할 만한 것을 추천하고 있지요. 취향 저격이 주목받는 시대에 내가 좋아할 만한 것을 알아서 추천해 주다니, 좋은 기능이 아닌가 생각할 수도 있어요. 물론 나의 취향을 알아서 분석해 주고 비슷한 영상을 추천해 줘서 도움이 될 때가 많죠.

하지만 유용해 보이는 알고리즘에도 위험성과 부작용이 있답니다. 생각 없이 받아들였을 때 말이에요.

알고리즘이 바쁜 나 대신 나에게 딱 맞는 취향을 추천해 줄 때도 있지만, 계속해서 추천에 의지해 정보를 얻게 되면 특정 취향의 정보만 받아들이게 돼요.

좋아하는 것만 보면 된다고요?

추천해 주는 정보가 모두 내가 좋아하는 게 아닐 수 있고, 계속 같은 방식으로 정보를 얻다 보면 나에게 새로운 생각과 경험을 제공해 줄 정보를 받아들일 기회를 차단하게 돼요. 또 추천받은 정보 안에서만 계속 듣고 보다 보면 내가 진짜 뭘 좋아하고, 뭘 좋아했는지 어느새 잊을 수도 있지요. 오히려 내 취향을 잃어버리게 돼요.

그래서 알고리즘에 따라갈 게 아니라 위험성을 잘 알고 필요한 정보는 받아들이되 나에게 필요한 것과 내가 좋아하고 원하는 것을 잘 선택하는 능력이 필요해요. 좋아하는 마음은 누가 결정해 줄 수 있는 게 아니니까요.

뉴스의 허위 정보

여러분은 뉴스를 보나요? '뉴스'라고 하면 단정한 옷을 입은 앵커가 나와 사건을 전하는 영상을 상상할 수도 있지만, 방송국과 같은 전문 기관에서만 뉴스를 만들어 내보내는 것은 아니랍니다.

뉴스는 쉽게 말해서 새로운 소식 또는 중요한 소식들을 사람들에게 전해 주는 것으로, 누구든 뉴스를 만들어 낼 수 있어요. 텔레비전이나 라디오 또는 인터넷이나 소셜 미디어 또는 글이

나 말로 전해지는 모든 정보들이 뉴스가 될 수 있답니다.

'가짜 뉴스'라는 말을 자주 들어 봤을 거예요. 요즘 많이 쓰이는 단어지요. 그런데 '가짜'라는 단어 때문에 뜻을 설명하기 조금 곤란할 때가 있어요. 그래서 조금 더 정확한 설명을 위해 '가짜 뉴스'라는 말 대신 '허위 정보' 또는 '잘못된 정보'라는 단어를 사용할게요.

허위 정보는 거짓인 줄 알면서도 나쁜 목적을 가지고 퍼뜨린 정보를 말해요. 잘못된 정보는 진실인 줄 알았지만 실제로는 틀린 정보를 말하지요. 뉴스도 하나의 정보이기 때문에 제대로 된 정보와 허위 정보, 잘못된 정보들이 섞여 있어요.

정보가 넘치는 시대에 살고 있다 보니 대충 봐서는 사실인지 거짓인지 쉽게 판단하기가 어려워요. 그래서 신중하게 고민해서 허위 정보나 잘못된 정보를 걸러 낼 수 있는 능력을 길러야 한답니다.

요즘은 스마트폰을 통해 소셜 미디어에 뜨는 뉴스를 쉽게 접할 수 있어요. 초등학생은 물론이고, 청소년이 대부분 뉴스를 접하는 통로가 인터넷이나 소셜 미디어라고 해요.

 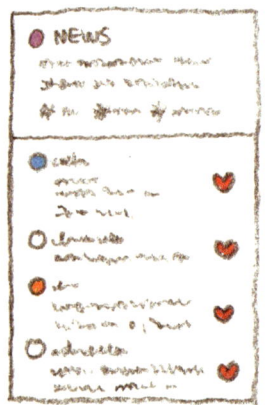

   특히 소셜 미디어에서 떠도는 뉴스는 스마트폰으로 쉽게 확인하고, 뉴스 아래 달리는 댓글을 실시간으로 확인할 수 있어요. 또 '좋아요'를 누르거나 직접 댓글을 적어 내 의견을 표현하니 혼자 보는 것보다 훨씬 흥미가 높아지지요. 핵심 내용만 짧게 적어 놔서 뉴스나 신문 기사보다 더 가볍게 읽고 빠르게 이해할 수 있다는 장점이 있어서 선생님도 자주 보고 있어요.

   하지만 소셜 미디어에 떠도는 뉴스만 보는 것은 조심해야 해요. 소셜 미디어에는 전문적으로 뉴스를 내는 언론사가 아닌 매체에서 기사를 내보내는 경우가 많아서 믿을 만한 정보가 맞는지, 허위 정보나 잘못된 정보는 아닌지 꼭 확인해야 한답니다. 조회 수를 올리기 위해 자극적인 단어를 사용하거나 허위 정보를 올리는 경우도 많거든요.

  그러니 하나의 정보만 볼 게 아니라 다양한 정보를 스스로 비교하고 분석할 수 있는 자세가 필요해요. 다음 장에서는 그 능력에 대해 이야기해 볼게요.

미디어 제대로 활용하기

어떻게 하면 수많은 정보 속에서 허위 정보와 잘못된 정보들을 가려낼 수 있을까요? 이때 필요한 능력을 '미디어 리터러시'라고 해요. 미디어 리터러시는 미디어(Media)와 리터러시(Literacy)가 합쳐진 말이에요. 미디어는 텔레비전, 스마트폰, 인터넷, 소셜 미디어 등 사람들에게 정보를 전달하는 다양한 매체들이고, 리터러시는 읽고 쓰는 능력을 뜻해요. 쉽게 말해 미디어를 읽고 쓰는 능력인데, 미디어가 제공하는 정보를 비판적으로 이해하는 능력과 내 생각을 미디어로 표현하고 사람들과 소통하는 능력 두 가지를 뜻해요.

어떤 능력인지 지금부터 알아봐요.

미디어 정보를 비판적으로 이해하는 능력

우리에게 도움이 되고 이로운 정보를 습득하려면, 모든 걸 아무 생각 없이 받아들여서는 안 돼요. 그래서 미디어가 전달하는 정보를 확인할 때 꼭 해야 할 것들이 있어요.

1. 사실 확인하기

내가 보는 정보가 허위 정보인지, 잘못된 정보인지 먼저 확인해야 해요. 특히 1인 미디어 방송이 가능한 플랫폼에는 일반 사람들도 영상을 찍어 올릴 수 있기 때문에 더욱 주의를 기울여야 하지요.

유튜브 같은 플랫폼은 구독자 수와 조회 수를 통해 수익을 얻기 때문에 자극적인 제목이나 사진을 사용해서 사람들의 시선을 끌고 사실이 아닌 정보를 전하는 경우도 많아요. 또 제목을 보고 클릭했는데 내용은 제목과 전혀 관련이 없는 정보들도 있으니 더 신중해야 하지요.

사람들은 정보를 확인할 때 하나하나 다 읽어 보지 않고 대충 살피고 관심 있는 주제만 클릭해 보는 경향이 있어요. 허위 정보를 만드는 사람들은 이런 사람들의 특성을 알고 제목이나 대표 이미지만 보고 클릭을 하도록 자극적인 내용으로 꾸며 놓고 사람들을 속이기도 해요.

댓글이 많이 달린 기사나 '좋아요'가 많은 정보를 그대로 받아들이는 것도 위험해요. 다수의 사람들이 관심을 가지거나 공감을 많이 했다고 해서 그 정보가 믿을 만하다고 판단할 수는 없어요.

이 정보가 사실인지 확인하려면 다양한 자료를 비교하거나, 뉴스에서 이야기하는 내용의 증거가 충분한지 살펴야 해요. 또 같은 주제에 대해서 다른 입장을 보이는 정보를 찾아보면 좀 더 비판적으로 받아들이는 데 도움이 돼요.

2. 정보의 출처와 목적 생각하기

만든 사람이 누구인지, 출처가 어디인지 찾아보는 것도 비판적으로 정보를 받아들이는 데에 도움이 돼요. 또 정보를 퍼뜨린 사람의 목적을 살펴보는 것도 중요해요. 사람들에게 필요하고 정확한 정보를 전하려고 만든 정보인지, 아니면 누군가를 곤경에 빠뜨리거나 위해 또는 자신의 이득을 위해 만든 정보인지 구별할 수 있지요.

3. 나에게 주는 영향 생각하기

정보를 무조건 받아들이지 말고, 이 정보가 내게 어떤 영향을 주는지 생각해야 해요. 해로운 정보는 걸러 내는 나만의 정보 필터 장치를 만드는 거죠. 조금 어려울 수도 있지만 제일 중요한 자세예요.

유튜브 영상 중에는 폭력적이거나 자극적인 영상이 많아서 어린이와 청소년에게 부정적인 영향을 끼치기도 해요. 성장기에는 주변 사람들의 영향을 많이 받기 때문에 이런 콘텐츠에 자주 노출되면 무의식 중에 따라하기 쉬워요. 부모님이나 선

생님이 걱정하는 문제도 이런 부분이지요.

사실 어른들뿐만 아니라 여러분도 그런 자극적이고 폭력적인 영상들 때문에 걱정이 많을 거예요. 나쁘다는 사실쯤은 스스로도 잘 알고 있으니까요.

그러니까 유튜브 콘텐츠를 포함해서 다양한 미디어를 통해 정보를 받아들일 때 이것이 나에게 어떤 영향을 주는지 생각하면서 나만의 정보 필터 장치를 만들어 봐요.

예를 들어 불건전한 영상의 콘텐츠를 보았다면 이것이 왜 적절하지 않은지, 그 이유는 무엇인지 생각하고, 나에게 불쾌감을 주고 좋지 않은 영향을 끼친다는 결론이 들었을 때는 그 콘텐츠를 더 이상 소비하지 않는 거예요. 여기서 중요한 건 여러분이 생각하고 판단하는 과정이에요.

미디어가 여러분의 진로 결정까지 영향을 준다는 사실을 알고 있나요? 아래 그래프를 같이 봐요.

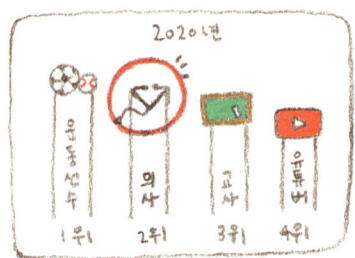 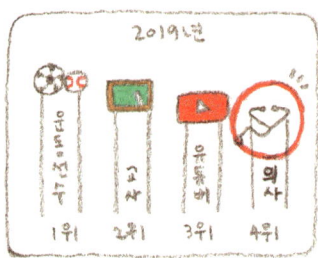

초등학생 희망 직업 순위

이 설문 조사는 교육부가 2020년에 실시한 것으로, 코로나 바이러스 확산세가 심했을 때 진행됐어요. 그 결과 초등학생들의 희망 직업 1위는 운동선수, 2위는 의사, 3위는 교사, 4위는 유튜버(크리에이터)로 조사되었지요. 이 순위는 2023년까지도 변하지 않고 있어요.

주목할 만한 점은 의사가 2019년에는 4위였는데 2020년에는 교사와 유튜버를 제치고 2위로 올랐다는 점이에요. 당시 통계 자료에 따르면 의사나 간호사, 생명·자연과학자 및 연구원이 되기를 희망하는 중고교생도 늘었음을 알 수 있어요.

코로나 바이러스 확산이 학생들의 희망 직업에도 영향을 준

것이죠. 청소년들이 여러 미디어를 통해 당시 현장에서 엄청난 수고를 하신 의료진들과 연구원들의 모습을 접하고서 관련 직업에 관심이 늘었다고 볼 수 있어요.

한참 유튜브 크리에이터들이 활약했던 때에 유튜버가 희망 직업 5위권 안에 든 것과 비슷한 현상이죠. 유튜버라는 직업은 2015년 이전 조사에는 순위권에 없었거든요. 이처럼 시대의 변화와 미디어가 학생들의 희망 직업에도 영향을 준다는 걸 알 수 있어요.

시대가 달라지면 직업도 새롭게 생겨나고, 새로운 직업에 관심이 생기다 보면 그 직업을 갖고 싶다는 생각이 드는 건 자연스러워요. 다만 나도 저런 사람이 되고 싶다는 생각이 들 때는 여러 방면을 살펴야 합니다.

미디어에서 보이는 멋지고 존경받는 모습만 보고 그 직업을 갖고 싶다고 하기엔 부족하지 않을까요? 조금 전에 말했던 유행도 미디어가 만들어 낸 하나의 정보에 속하거든요.

넘치는 정보 속에서 내 취향의 기준 세우기

유행을 따르는 게 나쁜 행동은 아니에요. 새로운 흐름에 귀 기울이고 관심을 가지는 태도는 나의 새로운 취향을 만들 수 있는 기회가 되기도 하니까요.

　다만 유행을 따르는 이유가 내가 정말 좋아해서가 아니라 왠지 나도 유행을 따라야만 할 것 같아서, 인증샷을 찍어야 할 것 같아서, 나만 따르지 않으면 소외된 기분이 들어서 같은 이유는 아닌지 생각해 봅시다.

　넘쳐 나는 새로운 정보와 알고리즘 속에서 내가 정말 좋아하는 것들만 걸러서 취하기란 쉽지 않은 일이에요. 하지만 정말 나를 위한 것인지 고민해 보는 시간은 반드시 필요해요. 그러지 않으면 음악, 영상, 영화뿐만 아니라 음식, 책, 물건 등도 '진짜 내 취향' 보다는 미디어에서 추천하는 것, 유행하는 것, 많은 사람들이 하니까 선택하고 행동하는 것들이 늘어나게 될지도 모르거든요.

　계속 그런 식으로 유행을 받아들이기만 하면 진짜 나만의 선택과 판단은 없어지고 말아요. 유행은 계속 변하니까요. 변할 때마다 다른 내가 된다면 진짜 '나'는 어디로 사라진 것 같은 기분이 들지도 모르지요.

　정말 내게 가치 있는 것인지, 내가 좋아서 하는 것인지를 생각하며 '진짜' 내 취향과 '진짜' 내가 좋아하는 것들을 놓치지 말아요.

나의 생각을 미디어로 표현하고 소통하는 능력

정보를 비판적으로 받아들이는 능력도 중요하지만, 더 나아가서 내 의견과 생각을 미디어로 표현하고 사람들과 소통하는 능력도 필요해요. 요즘은 누구나 미디어를 생산할 수 있고 온라인상에서 소통하는 것이 아주 익숙한 시대니까요. 미디어를 활용하여 자기 개성이나 생각을 표현하는 방법은 크게 두 가지로 나눌 수 있어요.

첫 번째는 직접 콘텐츠를 만드는 거예요. 요즘은 나의 창의성과 개성을 발휘한 콘텐츠를 만들고 미디어를 통해 다른 사람들에게 전하고 소통할 수 있는 시대니까요.

나만의 콘텐츠를 만들어서 미디어로 전할 때에도 신중해야 해요. 만드는 콘텐츠가 어떤 목적을 가지고 있는지 잘 파악해 보고 다른 사람들에게 어떤 영향을 줄지 생각해야 한답니다. 나의 표현에는 책임이 따르거든요. 단지 구독자 수를 늘리거나 이득을 취하기 위해 거짓된 정보를 알려서는 안 되는 거예요.

직접 콘텐츠를 만들지 않더라도 간접적으로 표현하고 소통할 수 있는 방법도 있어요. 다른 사람의 콘텐츠에 '좋아요'를 눌러 공감을 표시하거나 댓글을 달아서 내 의견을 전달하는 거예요. 이 방법은 대부분의 친구들이 해 봤을 거예요. 또 소

셜 미디어에 어떤 정보나 소식을 알려 주거나 다른 사람들이 정보를 볼 수 있도록 링크를 공유할 수도 있어요. 이런 것들도 모두 내 생각을 표현하는 활동이에요.

이때도 주의할 점이 있어요. 앞에서 정보를 비판적으로 이해하는 것이 중요하다고 했죠? 그러지 않으면 잘못된 정보나 허위 정보를 받아들이게 되고, 그것을 다른 사람에게 또 알리게 되지요. 그러면 나도 모르게 잘못된 정보나 허위 정보를 퍼뜨리는 일에 가담하게 될 수 있어요. 고의가 아니었다고 하더라도요.

무작정 공유하기 전에, 전하려는 내용이 정확한지 오해의 소지가 없는지 확인해야 해요. 나중에라도 내가 전한 정보가 잘못되었다는 걸 알게 된다면 그 사실을 사람들에게 알려 줘야 해요.

　여러분이 어떤 미디어를 통해 특정 정보나 뉴스를 자주 확인한다는 것은 여러분이 그 분야에 관심 있다는 것이고 또 좋아한다는 뜻이기도 해요.
　이런 마음을 잘 지켜 내고 나의 취향으로 가꿔 나가려면, 미디어를 잘 활용할 수 있어야겠죠? 미디어를 통해 얻게 된 나의 취향과 관심사가 과연 믿을 만한 정보에 의해 만들어졌는지, 그 정보들은 나에게 어떤 영향을 주고 있는지 신중하게 생각해 봅시다.

그리고 미디어로 찾은 정보를 그대로 믿고 거기에만 의존하면 안 돼요. 받아들일 정보를 걸러서 확인해야 합니다. 또 실제 자신의 경험과 상황, 조건, 내가 원하는 것들을 연결 지어 생각해야 해요. 미디어를 통해 전달된 정보는 수많은 내용 가운데 일부일 뿐이거든요.

그러면 미디어 시대의 정보 홍수 속에서 이리저리 흔들리지 않고, 진짜 내가 좋아하는 것들을 현명하게 찾아 나만의 취향을 가꾸어 나갈 수 있어요.

조선 시대부터 이어져 온 가짜 뉴스?

역사 드라마에서 백성들이 벽에 붙은 종이 앞에 모여서 웅성거리는 장면을 본 적 있을 거예요. 이름을 밝히지 않고 벽이나 궁궐 문에 붙여 쓴 글을 '익명서'라고 해요. 익명서는 의견을 자유롭게 말하기 어려웠던 시대에 자기 생각을 표현하는 탈출구였어요.

익명서는 나라와 관리를 비판하는 순기능도 있지만, 유언비어를 퍼뜨려 백성들을 혼란에 빠트리기도 했어요. 주로 나라를 다스리는 관료들이 자신들의 권력을 키우는 데 이용하면서 무고한

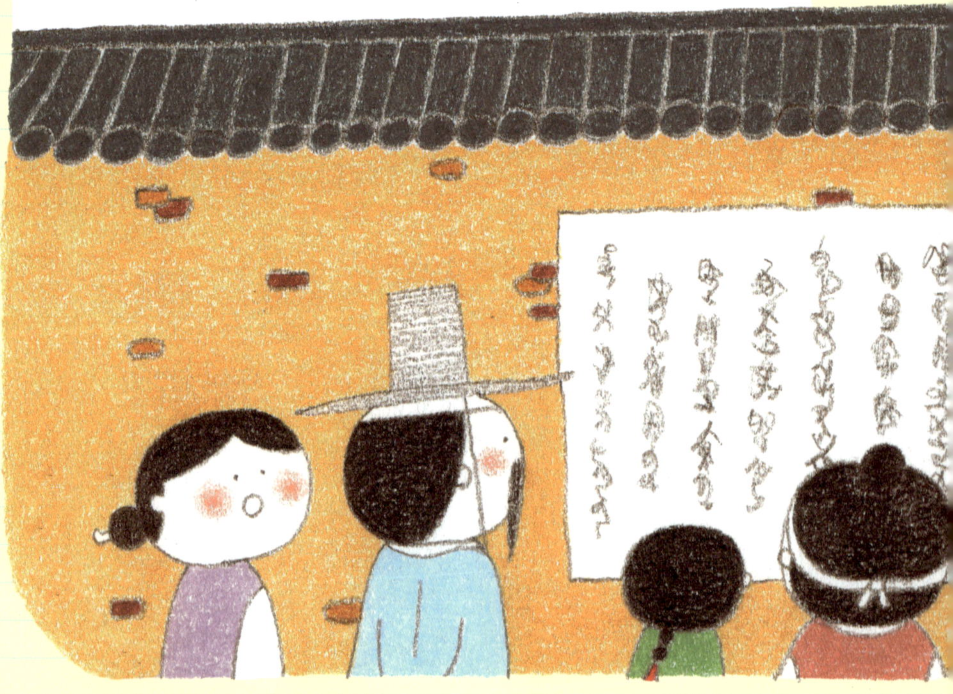

사람들의 목숨을 앗아가기도 했답니다.

이렇게 일파만파 퍼지는 소문, 유언비어에 관한 내용은 정약용의 〈목민심서〉에서도 찾아볼 수 있어요.

'유언비어는 근거 없이 생기기도 하고 기미가 있어서 생기기도 하는 것이니, 수령은 이를 대응할 때 조용히 진압하기도 하고 묵묵히 관찰하기도 해야 할 것이다.'

헛소문과 비판의 목소리를 구분하라는 말이지요. 허위 정보와 진짜 유용한 정보의 구분에 대한 고민이 조선 시대에도 있었다니, 참 신기하죠?

6장

좋아하는 마음으로 살아갈 우리들

무작정 유행을 따르거나 남의 의견에 휩쓸리고,
'아무거나'를 외치기보다는 내 마음이 좋아해서
무언가를 할 수 있는 여러분이 되기를 간절히 바라요.

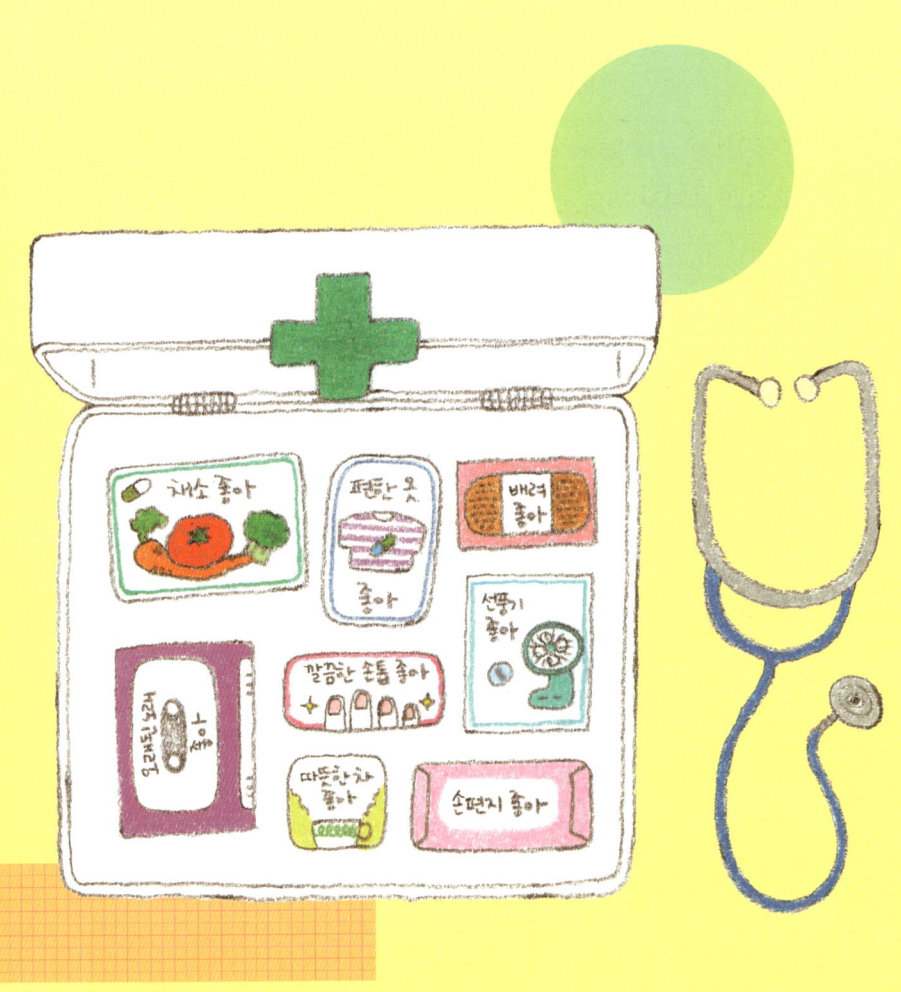

좋아하는 것들이 모이면
진짜 내가 된다

'나는 이런 것을 좋아하는구나.' 하고 나의 취향을 알아 가는 일은 꽤 설레고 즐거운 여정이에요. '나는 어떤 사람인가?'라는 질문에 대한 답을 찾기 위해 꼭 필요한 과정이기도 하지요. 어쩌면 사람들은 평생 내가 좋아하는 것들, 나의 취향을 공부하며 살아갈지도 몰라요.

취향을 찾아 마음속에 차곡차곡 모으는 일은 여러분이 지금부터 꾸준히 해야 할 일이기도 해요. 어쩌면 자기도 모르게 계속하고 있을 수도 있지요. 가령 어떤 캐릭터를 좋아하는지, 어떤 색깔을 좋아하는지, 치마를 좋아하는지 바지를 좋아하는지도 다 다르니까요. 예전에는 부모님이 사 주시는 대로 옷을 입었다면 이제는 내가 좋아하는 스타일이 생겼을 거예요. 하루의 옷을 결정하는 순간에도 자신의 취향이 나타나거든요.

선생님과 함께 이 책을 여기까지 읽었다면, 이제 여러분이 취향이라는 것을 어렵지 않게 생각했으면 좋겠어요. 취향이란 대단한 무엇이 아니라 사소한 선택들, 내가 취하는 태도와 자세들로부터 생기니까요. 내가 무엇을 입고, 먹고, 읽고, 듣고, 사고, 경험하는지, 누구를 만나고, 휴일에는 무엇을 하는지 결국 취향은 나의 일상을 채우는 작은 것들에서 만들어진답니다.

이제 내 마음에 귀 기울일 준비가 되었나요? 내 마음을 돌아볼 시간을 갖고, 내가 무엇을 좋아하고 그 마음이 나에게 어떤 의미인지 꼭 생각해 봤으면 좋겠어요.

무작정 유행을 따르거나 남의 의견에 휩쓸려 '아무거나'를 외치기보다는 내 마음이 좋아해서 무언가를 할 수 있는 여러분이 되기를 간절히 바라요.

좋아하는 것들이 생길 때마다 한 번씩 가볍게 적어 보세요. 처음에는 간략하게 적어도 좋아요. 나중에 더 자세히 적으면 되니까요.

적었던 내용 가운데 시간이 흐르면 지워지는 것들도 있을 거예요. 무엇을 좋아하는 마음은 다른 방향으로 옮겨 갈 수 있거든요.

틈틈이 생겨난 '좋아하는 마음'을 그냥 흘려보내지 말고 마음속에 소복이 저장해 두세요. 쌓인 마음들은 여러분 안에서 여러 가지 색깔로 빛을 내며 일상을 더 다채롭고 즐겁게 만들어 줘요. 그리고 그 색깔들이 모여 세상에서 단 하나뿐인 '나'가 됩니다.

똑똑, 요즘 뭐 좋아하세요?

_____ 이(가) 좋아하는 것들

우리 마음에도
비상약이 필요해

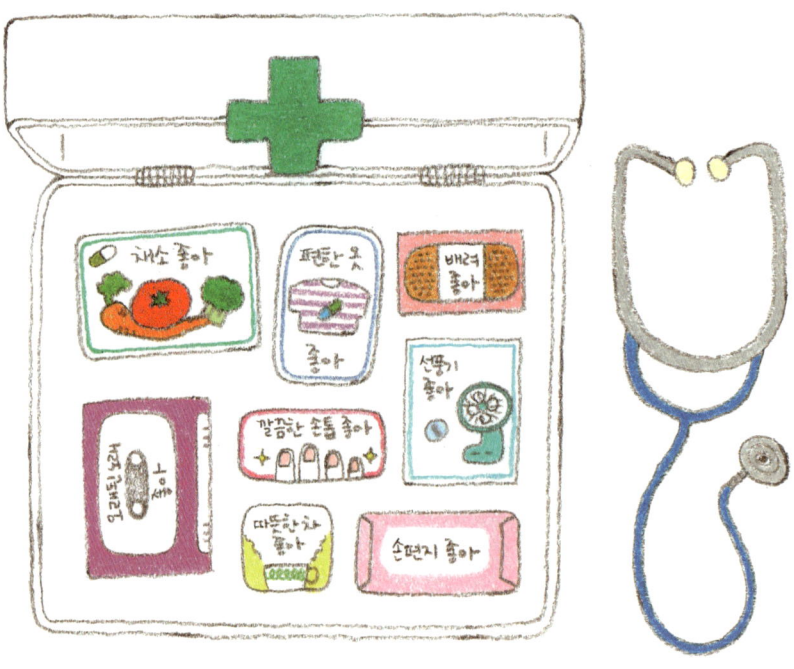

바이러스로부터 신체를 지키기 위해서는 우리 몸의 면역 체계가 중요하다고 해요. 평소에 골고루 먹고, 규칙적으로 운동하고, 잘 씻고, 잠을 충분히 자야 면역력이 강해지겠지요.

우리 몸을 면역 세포가 지켜 준다면, 우리 마음은 '좋아하는 마음'이 지켜 준답니다.

어린이도 어른도 살다 보면 힘들거나 우울할 때가 있어요. 이런 감정은 어쩔 수 없고, 때로는 필요해요. 하지만 우울하고 부정적인 감정에만 오랫동안 빠져 있으면 마음에도 병이 생길 수 있어요.

그럴 때 **좋아하는 마음을 조금씩 꺼내 봐요.** 좋아하는 마음은 우리의 마음 면역력을 높여 주기 때문에 내 마음이 힘들어졌을 때 금세 이겨 내도록 도와줘요. 그러니 사소하더라도 내가 좋아하는 것들을 놓치지 않고 잘 알아 두어야 해요.

갑자기 몸이 아플 때를 대비하여 비상약을 집에 미리 챙겨 두는 것처럼, 내 마음이 아플 때 필요한 비상약으로 좋아하는 마음을 챙겨 두세요. 내가 마음이 아프거나 스트레스를 받거나 우울할 때 치료할 수 있는 나만의 방법을 알고 있다면 아주 큰 도움이 된답니다.

이건 선생님의 마음 비상약 목록이에요.

마음이 힘들 때면 비상약들 가운데 하나를 골라 거칠어진 마음에 기쁨을 톡톡 뿌려 줍니다.

이네 선생님의 마음 비상약
- 노을 지는 시간에 하늘 보기
- 친구들과 함께 맛있는 저녁을 먹으면서 수다 떨기
- 동생이 키우는 강아지 보러 가기
- 이불을 빨아서 따사로운 햇살 아래 널어 놓기
- 사람이 별로 없을 시간에 버스에서 창문 열고 노래 듣기
- 여행 사진 꺼내어 보기
- 언젠가 떠날 여행 계획 세워 두기
- 좋아하는 책이나 영화 다시 보기
- 동네 산책하기
- 제철 채소로 요리해 먹기

이제 여러분도 마음 비상약을 써 두고 내 마음에 비상벨이 울리면 치료해 보세요. 한 가지만으로도 내 마음은 위로를 받고 서서히 기분도 좋아질 거랍니다.

여러분은 살아가면서 절대 잊지 말아야 하는 것은 무엇이라고 생각하나요? 선생님은 그 질문에 이렇게 답하고 싶어요. 나는 누가 시키는 대로, 누가 바라는 대로가 아닌 온전한 '나'로서 삶을 살 것이라고요.

내가 '진짜 나'로 살아가려면 먼저 나에 대해 누구보다 잘 알고 이해해야겠죠?

나를 알아 가기 위해서는 내 속에 있는 여러 가지 방에 들어가 봐야 해요. 성격 방, 취미 방, 습관 방, 건강 방, 친구 관계 방, 가족 관계 방, 걱정 방, 소망 방, 보물 방, 미래 방, 반성 방 등등이 있어요.

그 방으로 들어갈 수 있는 열쇠가 바로 나의 좋아하는 마음이에요. **내가 무엇을 좋아하는지 탐구할수록 나를 잘 알아 갈 수 있는 거죠. 나를 많이 알아 갈수록 나 자신과 더욱 친해지는 기분이 들 거예요.**

여러분이 나만의 취향을 만들어 가며 진정한 '나'로 살아가는 행복한 사람이 되길 희망합니다. 응원할게요.

취향 탐색 6

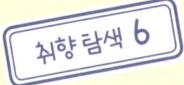

내 마음 비상약 그리기

여러분의 마음 면역력을 높여 줄 좋아하는 것들에는 무엇이 있나요?

마음 구급상자 안에 적어 보세요. 그림으로 그려 봐도 좋아요.

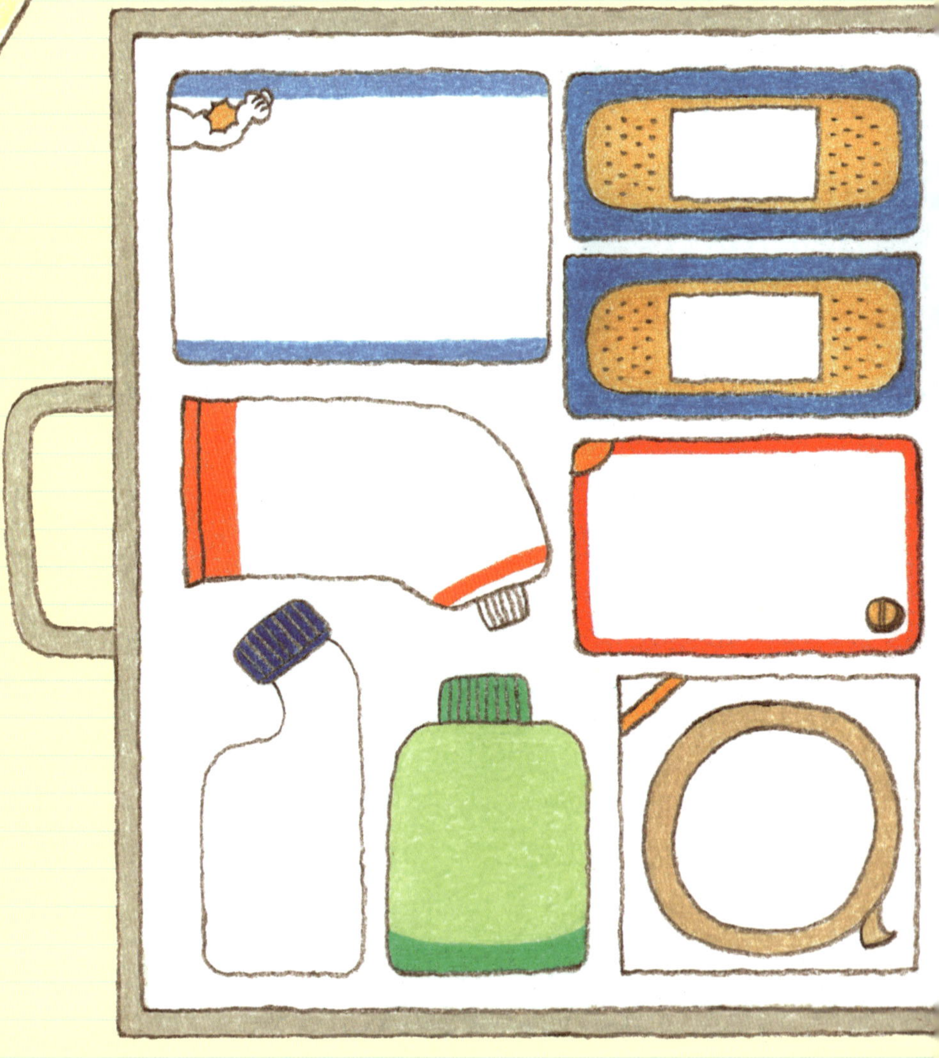

가끔 그런 날 있잖아요. 조금 울적하고 기운 빠지고 힘든 날.
그럴 때 마음 구급상자를 펼쳐서 비상약을 골라 보세요.

똑 부러지고 야무지고 뚝심 있게 자라는 27가지 실천법
좋아하는 마음이 나를 키워요

초판 1쇄 발행 2024년 8월 29일
초판 2쇄 발행 2025년 4월 23일

글 장인혜
그림 뜬금
발행인 이종원
발행처 길벗스쿨
출판사 등록일 2006년 6월 16일 | 주소 서울시 마포구 월드컵로 10길 56(서교동)
대표전화 (02)332-0931 | **팩스** (02)323-0586
홈페이지 school.gilbut.co.kr | **이메일** gilbut@gilbut.co.kr

기획 권희정 | **책임편집** 박수선 | **제작** 이준호, 손일순, 이진혁
마케팅 양정길, 지하영, 김령희 | **영업유통** 진창섭 | **영업관리** 정경화 | **독자지원** 윤정아
디자인 윤현이 | **CTP출력 및 인쇄** 상지사피앤비 | **제본** 상지사피앤비

- 잘못 만든 책은 구입한 서점에서 바꿔 드립니다.
- 이 책은 저작권법에 따라 보호받는 저작물이므로 무단전재와 무단복제를 금합니다. 이 책의 전부 또는 일부를 이용하려면 반드시 사전에 저작권자와 길벗스쿨의 서면 동의를 받아야 합니다.

© 장인혜, 뜬금 2024
ISBN 979-11-6406-789-3(73190)
     (길벗스쿨 도서번호 200350)

독자의 1초를 아껴주는 정성 길벗출판사
길벗 IT실용서, IT/일반 수험서, IT전문서, 경제실용서, 취미실용서, 건강실용서, 자녀교육서
더퀘스트 인문교양서, 비즈니스서
길벗이지톡 어학단행본, 어학수험서
길벗스쿨 국어학습서, 수학학습서, 유아학습서, 어학학습서, 어린이교양서, 교과서

제품명 : 좋아하는 마음이 나를 키워요	주소 : 서울시 마포구 월드컵로 10길 56 (서교동)
제조사명 : 길벗스쿨	전화번호 : 02-332-0931
제조국명 : 대한민국	제조년월 : 판권에 별도 표기
사용연령 : **8세 이상**	KC마크는 이 제품이 공통안전기준에 적합하였음을 의미합니다.

들어가며 | 취향 기록 노트 활용법

1. 나 알기

2. 내 프로필 꾸미기

3. 내가 나에게 하는 인터뷰

4. 나의 취향 체크리스트

5. 나만의 취미 탐색

6. 좋아하는 마음과 관련된 직업 찾기

7. 내 마음 비상약 그리기

8. 주변 사람의 취향과 취미 알아보기

들어가며
취향 기록 노트 활용법

어린이 친구들에게 좋아하는 게 있는지, 취미나 취향이 있는지 물어보면 선뜻 대답하기 어려워하는 친구들이 많아요. 부끄러워 대답을 못 할 수도 있고, 진짜 좋아하는 게 없어서, 아니면 너무 많아서 대답을 못 할 수도 있어요.

  하지만 대부분은 자기가 무엇을 좋아하는지 마음을 구석구석 들여다보지 않았기 때문에 모르는 경우가 많아요.

  여러분이 손에 들고 있는 〈취향 기록 노트〉는 보물찾기하듯이 마음 구석구석을 살피도록 도와줘요. 여러분 마음에 꼭꼭 숨겨진 좋아하는 마음을 하나씩 발견해 보세요.

  자기 자신에 대해 더욱 잘 알게 되고, 사랑하게 되고, 더불어 다른 사람의 마음까지 존중하는 어린이가 될 수 있어요.

  그럼, 우리 같이 내 마음속 보물찾기를 시작해 볼까요?

1. 나 알기

_____ 의 장래 희망

나는 _____ 하는 걸 좋아해요.

왜냐하면 _____ .

그래서 앞으로 _____ 하는

일을 하면서 _____ 한 기분을

느끼며 살고 싶어요.

2. 내 프로필 꾸미기

소셜 미디어에 자기소개를 하듯이 꾸며 보세요.
프로필 사진에는 나를 표현할 수 있는 그림을 그리거나 사진을 오려 붙여도 좋아요.

상태 메시지:
_____

배경 음악:
_____

내 생일:
_____

#갖고_싶은_선물_
#지금_내_기분_
#듣고_싶은_말_
#또_먹고_싶은_음식_
#함께_놀고_싶은_친구_

3. 내가 나에게 하는 인터뷰

☐ 나는 어떤 성격의 사람을 좋아하나요? 그 이유는?

☐ 내가 좋아하는 가수는 누구인가요? 그 이유는?

☐ 내가 좋아하는 숫자는 무엇인가요? 그 이유는?

☐ 내가 좋아하는 색깔은 무엇인가요? 그 이유는?

☐ 내가 좋아하는 음식은 무엇인가요? 그 이유는?

☐ 내가 좋아하는 책 한 권을 고른다면? 그 이유는?

☐ 내가 좋아하는 요일은 언제인가요? 그 이유는?

☐ 내가 잔뜩 화가 나는 순간은 어떤 때인가요? 그 이유는?

☐ 내가 좋아하는 방송 프로그램은 무엇인가요? 그 이유는?

☐ 내가 좋아하는 계절은 언제인가요? 그 이유는?

☐ 필통 안에 든 학용품 중에 내가 가장 좋아하는 물건은 무엇인가요? 그 이유는?

☐ 자유 시간이 한 시간 생기면 무엇을 가장 하고 싶은가요? 그 이유는?

☐ 내가 제일 존경하는 사람은 누구인가요? 그 이유는?

☐ 내가 좋아하는 헤어 스타일은 무엇인가요? 그 이유는?

☐ 집에서 내가 제일 좋아하는 공간은 어디인가요? 그 이유는?

☐ 나는 울고 싶을 때 어디서 우나요? 그 이유는?

☐ 익숙한 것이 좋나요, 새로운 것이 좋나요? 그 이유는?

☐ 내가 좋아하는 단어는 무엇인가요? 그 이유는?

☐ 내가 가장 좋아하는 선생님은 어떤 분인가요? 그 이유는?

☐ 내가 가장 좋아하는 교과목은 무엇인가요? 그 이유는?

4. 나의 취향 체크리스트

무엇이든 선택해야 하는 순간이 올 때 나의 마음이 무엇을 원하는지 어느 쪽에 끌리는지 그 방향에 집중하려는 노력이 필요해요. 내가 무엇을 좋아하는지, 무엇을 할 때 즐거운지 생각해 봐요.

🙂 티셔츠를 산다면
- [ ] 무늬가 있는 옷
- [ ] 무늬 없이 깔끔한 옷

🙂 좋아하는 만화 캐릭터는
- [ ] 동글동글 귀여운 얼굴
- [ ] 눈에 별이 총총 박힌 예쁜 얼굴

🙂 나랑 쿵짝이 잘 맞는 친구는
- [ ] 조용하고 편안한 친구
- [ ] 활발하고 재미있는 친구

🙂 글씨를 쓸 때는
- [ ] 조금 불편해도 예쁜 샤프
- [ ] 투박해도 튼튼하고 편한 연필

😊 친구가 화난 것 같다면

☐ 먼저 가서 말을 건다   ☐ 친구에게 시간이 필요해 보여 일단 가만히 있는다

😊 좋아하는 라면은

☐ 푹 익은 라면   ☐ 꼬들꼬들한 라면

😊 공부할 때는

☐ 혼자 차분하게 공부하기   ☐ 설명해 주면서 함께 공부하기

😊 좋아하는 과일은

☐ 새콤한 과일   ☐ 달콤한 과일

😊 맛있을 것 같은 우유는

☐ 김치 맛 우유   ☐ 단무지 맛 우유

5. 나만의 취미 탐색

좋아하는 게 없다고요? 같이 취미를 찾아봐요.

성취감과 건강을 함께! 스포츠

신나게 물놀이를 한 다음에 먹는 밥맛을 아나요? 평소보다 훨씬 꿀맛이에요! 그리고 건강한 몸은 건강한 정신을 만들어 준대요. 몸을 활발하게 움직이며 할 수 있는 재미있는 활동을 알아봐요.

등산, 축구, 걷기, 하키, 춤, 요가, 테니스, 산책, 수영, 양궁, 스키, 달리기, 자전거, 스케이트, 줄넘기, 배드민턴, 탁구, 발레, 복싱, 클라이밍, 주짓수 등은 기초 체력을 키워 주고, 해냈다는 성취감과 자신감도 높여 줘요.

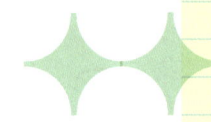

건강한 몸이
건강한 정신을
만든다!

이곳저곳 다니고 싶다면? 체험 활동과 탐방

집에만 있기 심심해서 밖에 나가 돌아다니고 싶은 친구들에게 딱! 다양한 체험 활동과 투어를 알아봐요.

낚시, 캠핑, 스노클링, 여행, 서점 탐방, 고궁 탐방, 맛집 다니기, 플로깅(조깅하면서 쓰레기 줍기), 숲 체험 등이 있어요.

집중력이 필요해! 두뇌 활동

계속 헤매던 수학 문제를 풀었을 때, 알쏭달쏭 퀴즈를 맞혔을 때 희열을 느끼나요?

블럭 맞추기, 퍼즐, 보드게임, 미로 찾기, 도미노, 바둑, 큐브, 체스, 수학 퍼즐 등은 머리가 팽팽 돌아가는 취미 활동이에요.

마음의 평화를 위해! 안정감을 높이는 활동

생각이 꼬리에 꼬리를 물고, 잡생각을 떨칠 수 없나요?

명상, 다도, 필사, 서예, 음악 감상 등은 마음의 평화를 되찾아 주는 활동이에요.

세상은 예술과 문화로 가득해! 감상 활동

보고 듣고 만지고, 세상에는 정말 다양한 예술 작품들이 있어요. 문화 생활을 하자면 평생이 모자랄 정도지요.
전시회, 음악회, 미술관, 음악, 영화, 독서, 만화, 콘서트 등으로 세상의 예술과 문화를 느껴 봐요.

내 생각과 마음을 드러내고 싶어! 표현 활동

자기 생각을 글로 표현하는 작가, 신들린 연기력으로 극찬받는 배우 등 서로 다른 방식으로 역할이나 생각을 표현하는 사람들이 있어요. 여러분도 내 안에 담겨 있는 생각이나 마음을 글이나 몸짓으로 표현해 봐요.
연기, 춤, 마술, 노래, 악기, 그림 그리기, 글쓰기, 사진 찍기, 캘리그라피 등 다양한 방법으로 드러낼 수 있어요.

결과물을 만들고 싶어? 창작 활동

눈으로 보이는 결과를 확인하고 싶나요?

영상 편집, 프로그래밍, 작사, 작곡, 수공예, 요리, 뜨개질 등 내 정성과 아이디어가 잔뜩 들어간 창작 활동에 도전해 봐요.

뜨개질로 목도리를 완성해야지.

함께할 때 더 즐거워요! 친목 활동

친구든 가족이든 사람들과 함께 있을 때 즐겁고 재밌다면, 사람들과 소통하는 활동에 도전해 봐요. 이미 하고 있을지도 몰라요.

동생과 놀아 주기, 친구 또는 주변 사람의 고민이나 이야기 들어 주기, 독서 모임, 사진 출사 모임, 토의와 토론, 인터뷰 등이 있어요.

이 작가의 글은 늘 감동적이야.

6. 좋아하는 마음과 관련된 직업 찾기

반드시 좋아하는 일을 직업으로 가져야 하는 건 아니에요. 그래도 내가 어떤 일을 할 때 기쁘고 즐거워하는지를 알면 훗날 직업을 정할 때 도움받을 수 있어요.

💬 **나는 사람들 앞에 나서서 발표하거나 내 의견을 말하는 걸 좋아해.**

→ 이야기를 자신감 있고 소신 있게 말하는 일

(관련 직업) 교사, 방송 판매자, 국회 의원, 뉴스 앵커, 변호사 등

💬 **나는 주변을 항상 깔끔하게 정돈하고 원하는 장소에 물건을 두어 효율적으로 찾는 걸 좋아해.**

→ 상황에 맞게 주변을 꾸미고 환경을 정돈하는 일

(관련 직업) 인테리어 디자이너, 사서, 조경 설계사, 물류 관리사, 정리 수납 전문가 등

💬 나는 방의 가구 배치를 이리저리 바꾸거나 분위기를 바꿔서 꾸미는 것을 좋아해.

→ 호기심을 갖고 상상하고 생각하는 일

(관련 직업) 건축가, 무대 디자이너, 유튜브 크리에이터, 가상 현실 전문가, 작가 등

💬 나는 수학 문제를 어려워하는 친구에게 방법을 고민해서 알려 주는 것을 좋아해.

→ 문제를 해결해 다른 사람들을 돕는 일

(관련 직업) 사회 복지사, 교수, 경찰관, 간호사, 반려동물 행동 교정사, 소방관 등

💬 나는 책을 읽는 것도 좋아하지만, 내가 읽은 것을 다른 사람들에게 알려 주고 추천하는 것을 좋아해.

→ 연구하고 다른 사람들과 함께 의견을 나누는 일

(관련 직업) 여행 가이드, 통역사, 기자, 사회 단체 활동가 등

💬 나는 한 가지 일을 오랫동안 하면서 차츰 나아지는 모습이 좋아.
→ 무언가를 꾸준하고 끈기 있게 하는 일
  (관련 직업) 우주 비행사, 기상학자, 편집자, 영화감독, 웹툰 작가, 출판 기획자 등

💬 나는 물건 조립을 좋아하고 고장 난 물건을 고치기 위해서 분해하고 문제점을 찾았을 때 기분이 짜릿해.
→ 관찰을 통해 문제를 찾아내고 그것을 고치는 일
  (관련 직업) 심리학자, 자동차 정비사, 로봇 연구원, 의료 기기 개발자 등

💬 나는 내가 쓰는 물건들이 친구들 사이에서 유행하면 기분이 좋아.
→ 트렌드를 잘 파악하고 유행을 만들어 가는 일
  (관련 직업) 홍보 마케터, 광고 기획자, 의상 디자이너, 모델, 스타일리스트 등

💬 교실에 앉아서 공부하는 것보다 직접 나가서 보고 느끼는 게 좋아. 실내보다 야외에서 이루어지는 활동을 좋아해.
→ 야외에서 직접 움직이며 하는 일
  (관련 직업) 레저 스포츠 강사, 항해사, 비행사 조종사, 지질학자, 여행 작가 등

여러분은 무엇을 할 때 뿌듯하거나 즐거운가요? 여러분만의 목록을 만들어 보아요.

😊 나는 _____

_____ 하는 것을 좋아해.

→ _____ 하는 일

관련 직업 _____

_____

😊 나는 _____

_____ 하는 것을 좋아해.

→ _____ 하는 일

관련 직업 _____

_____

7. 내 마음 비상약 그리기

갑자기 몸이 아플 때를 대비하여 비상약을 챙겨 두는 것처럼, 내 마음이 아플 때 필요한 비상약으로 좋아하는 마음을 챙겨 두세요.

내 마음은 위로를 받고 서서히 기분도 좋아질 거랍니다.

8. 주변 사람들의 취향과 취미 알아보기

나에게 좋아하는 마음이 있듯이 다른 사람들도 좋아하는 것들이 있어요. 무엇을 좋아하는지, 취향이나 취미를 알면 친구와 부모님들을 더욱 잘 이해할 수 있답니다.

우리 마음의 보물찾기를 했다면 주변 사람들의 마음에도 보물을 발견할 수 있도록 여러분이 구석구석 함께 찾아봐요.

_____ 이(가) 좋아하는 것들

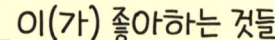